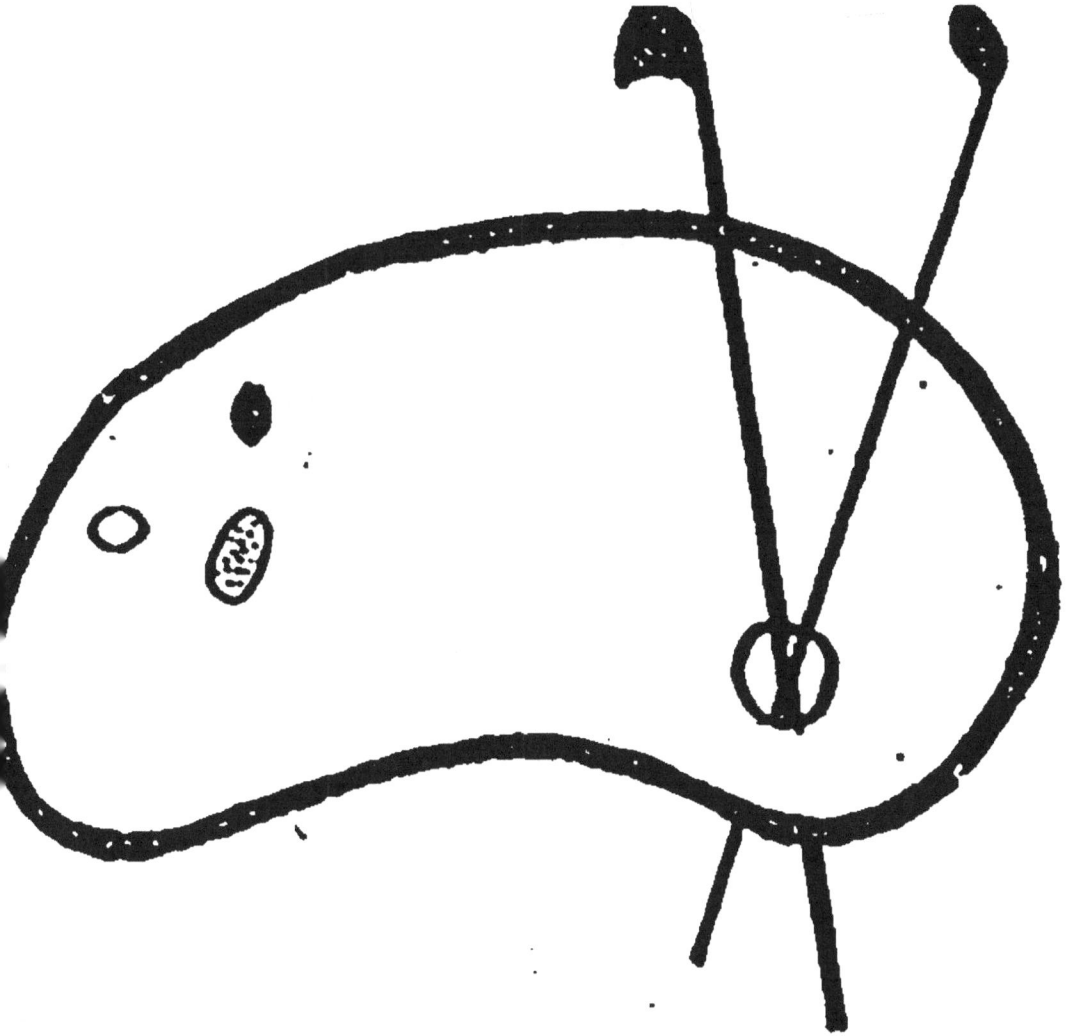

DEBUT D'UNE SERIE DE DOCUMENTS
EN COULEUR

VIES DES SAINTS

D'AFRIQUE, par un

PRÊTRE d'Algérie.

Se vend au profit d'une bonne œuvre.

Société de Saint-Augustin.

DESCLÉE, DE BROUWER & Cie,

Imprimeurs des Facultés catholiques de Lille,

LILLE, 26, rue Royale. — MDCCCLXXXV.

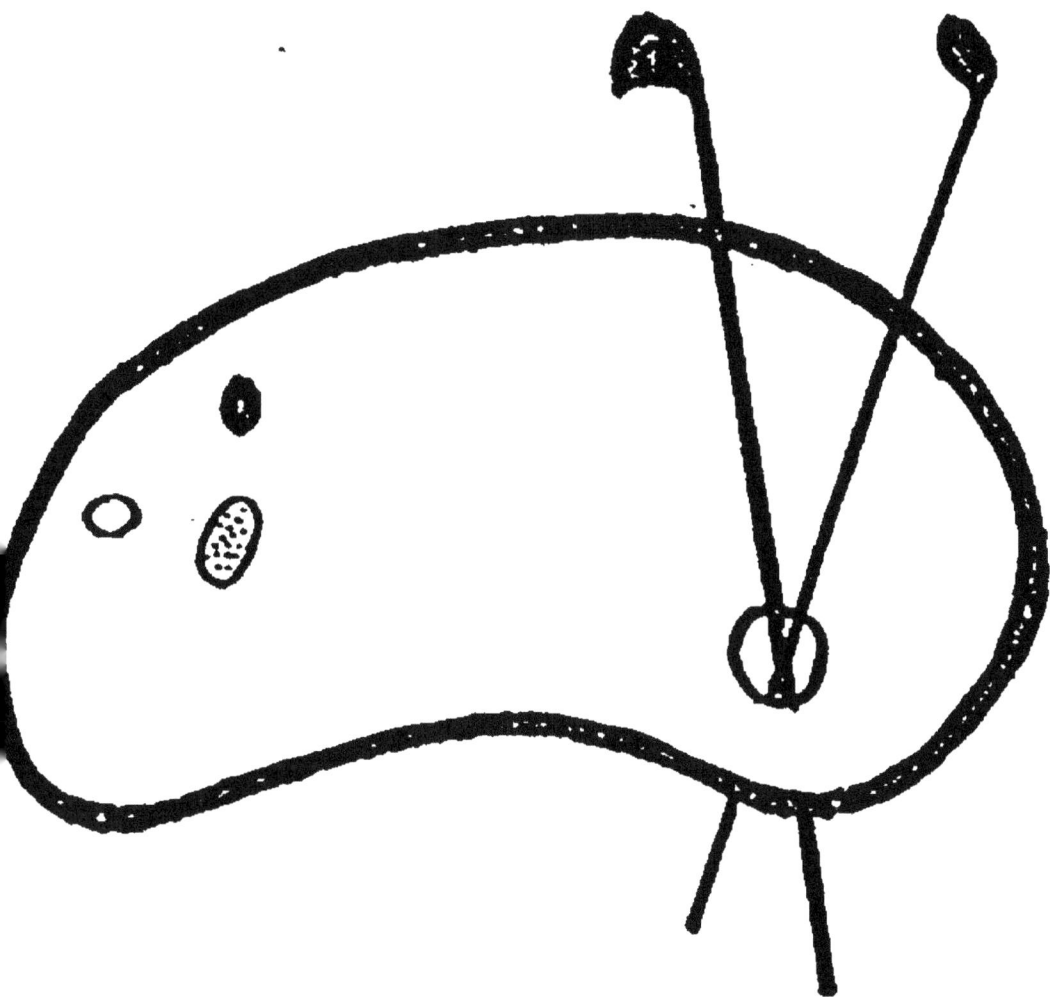

FIN D'UNE SERIE DE DOCUMENTS
EN COULEUR

$0^{3}v$

30

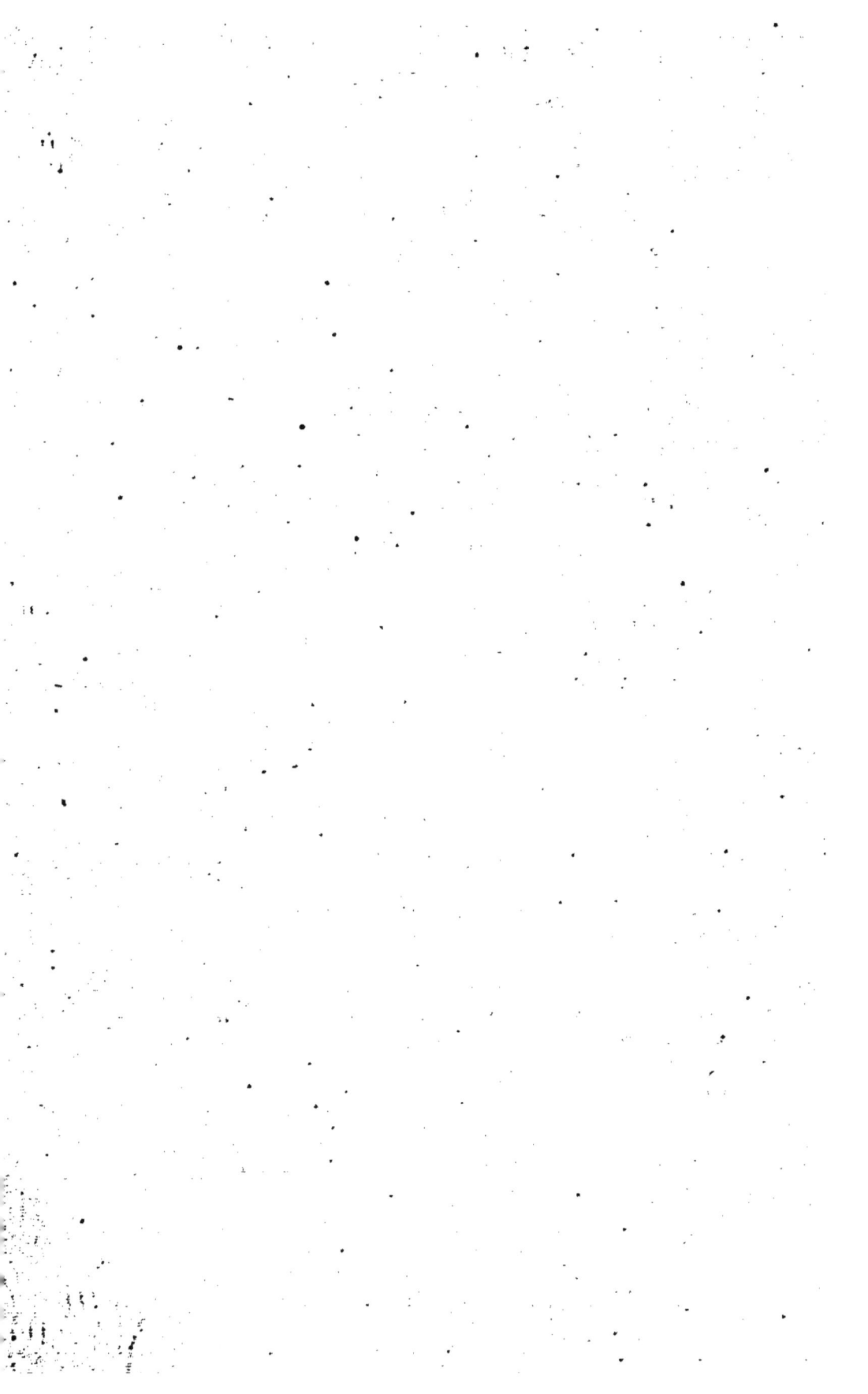

VIES DES SAINTS D'AFRIQUE.

VIES DES SAINTS

D'AFRIQUE, par un

PRÊTRE d'Algérie.

Se vend au profit d'une bonne œuvre.

Société de Saint-Augustin.

DESCLÉE, DE BROUWER & Cie.

Imprimeurs des Facultés catholiques de Lille,

LILLE, 23, rue Royale, — MDCCCLXXXV.

Avant-propos.

LEs récits qu'on offre aux lecteurs n'ont d'autre prétention que d'être utiles aux fidèles, en les initiant au passé glorieux des Églises d'Afrique.

Mais ces pages ne s'adressent pas seulement aux Algériens, comme le titre pourrait le faire croire. Nous pensons que les fidèles de France les liront avec fruit.

Outre l'édification qui résulte de toute lecture de la vie des Saints, ce livre aura un autre avantage. Après l'avoir lu, on appréciera mieux encore les efforts des évêques d'Algérie, et surtout de l'illustre restaurateur du siège de Carthage (1), pour rendre à cette Église africaine, jadis si brillante, tout son ancien éclat.

A ce point de vue, ces récits ne manqueront pas d'actualité.

Le sol mystérieux de l'Afrique attire en ce moment bien des regards et bien des convoitises : à ceux qui voient plus loin et plus

---

(1) L'Éminent Cardinal Lavigerie.

haut que les intérêts matériels ou que les étroites préoccupations de la politique, un grand spectacle se déroule, consolant pour la foi.

L'Église d'Afrique est en pleine résurrection. Une impulsion puissante a relevé de ses ruines le siège à jamais illustré par St Cyprien.

Près de là, sur les collines d'Hippone, l'évêque de Constantine prépare, en recueillant une à une les pierres du futur édifice, un monument digne de l'incomparable Augustin.

Puissent ces pages concilier les sympathies des lecteurs aux évêques d'Algérie, quand ils tendront la main en faveur de leurs œuvres africaines.

Puissent-elles encore inspirer aux fidèles de la nouvelle France un vif désir de faire revivre, sur cette terre arrosée du sang de tant de martyrs, les traditions de piété qui leur ont été léguées par leurs ancêtres dans la foi.

Vies des Saints d'Afrique

St Fulgence, évêque, confesseur, docteur.

19 janvier.

SAINT Fulgence, issu d'une famille noble, naquit à Télepte, ville d'Afrique. Plusieurs de ses parents faisaient partie du célèbre sénat de Carthage. Il perdit de bonne heure son père Claudius ; mais sa pieuse mère Mariana le fit élever avec le plus grand soin, et lui donna des maîtres habiles dans les lettres latines et grecques. Fulgence s'appliqua d'abord à l'éloquence du barreau. Bientôt on lui confia la charge d'intendant ou d'administrateur de la province. Mais la dureté qu'on lui recommanda d'apporter dans la levée des impôts, répugnant à la douceur de son caractère, il se démit de ses hautes fonctions.

Notre saint visitait souvent les monastères établis par saint Augustin en Afrique, et qui, à cette époque, étaient très florissants. Le spectacle des

vertus pratiquées sous ses yeux, lui inspira un vif
désir de la vie monastique. D'abord, il parut céder
aux instances de ses amis, qui voyaient avec regret un jeune homme si bien doué aller s'ensevé-
lir dans la solitude. Mais Fulgence, à l'insu de
tous, s'exerçait à la vie religieuse par des jeûnes,
des prières et de fréquentes retraites à la campagne. L'évêque Faustus avait fait bâtir un monàs-
tère dans un lieu retiré. Fulgence demanda avec
instance et obtint d'y être reçu. Sa mère employa
tous les moyens que sa tendresse lui suggéra pour
le détourner de son dessein. Mais la vocation de
Fulgence était trop ferme pour céder, même à
l'amour d'une mère. La piété du jeune religieux
ne se démentit pas un seul instant. Il se soumit
avec joie à tout ce que la règle prescrivait de plus
austère. Il poussa même si loin la soif de la mor-
tification, qu'il en tomba gravement malade. Tant
qu'il était bien portant, il ne mangeait point de
viande et ne buvait pas de vin. Sa mauvaise santé
l'ayant obligé d'en boire, il y mêlait tant d'eau que
le vin en perdait toute saveur.

A cette époque, la province de Numidie fut
bouleversée par les incursions des barbares. Fulgence se vit contraint de fuir et de changer souvent de retraite. Dans ces circonstances, il eut à
subir bien des épreuves et des souffrances. Un
jour, un prêtre arien le battit avec tant de violence que le saint faillit en perdre la vie, puis ce

forcené lui rasa la tête, et le chassa de la maison où il se tenait caché, le laissant sans ressources et sans vêtements. Comme on conseillait au saint de tirer vengeance de ces outrages, il répondit avec douceur qu'il n'était pas permis à un chrétien de se venger.

Sur ces entrefaites, Fulgence apprit par la renommée les austérités pratiquées par les moines dans les déserts d'Égypte. Il résolut de s'y rendre. Dans ce but, il aborda en Sicile, et là il vit avec douleur que les religieux de ce pays s'étaient séparés des catholiques. Alors il changea de dessein et se rendit à Rome. Peu de temps après il revint en Afrique, où il fonda un monastère. La réputation de ses vertus attira sur Fulgence les regards des évêques et des fidèles ; on le créa évêque de Ruspe, malgré sa vive résistance. Cette élévation ne fit qu'accroître son goût pour la vie religieuse. Il fonda un autre monastère dans sa ville épiscopale et ne diminua en rien ses habitudes d'austérité. Ses habits étaient pauvres, sa nourriture très frugale.

Cependant Trasimond, roi arien, porta un décret de déportation contre les évêques d'Afrique, et en particulier contre l'illustre évêque de Ruspe. On les relégua tous en Sardaigne, et Fulgence, par son attitude énergique, par ses exhortations enflammées, soutint le courage de ses collègues dans l'épiscopat. Trasimond ne tarda pas à le rappeler à Carthage. Introduit devant le roi, il improvisa une défense du catholicisme si remarquable par la force et par l'éloquence, que Trasimond lui-même en fut transporté d'admiration.

Les ariens, effrayés de tant de savoir et de sainteté, déterminèrent par leurs intrigues le roi Trasimond à renvoyer le saint en Sardaigne.

Fulgence, banni de nouveau, fonda plusieurs monastères. La réputation de sa sainteté y attira une foule de religieux qui voulurent se placer sous sa direction. Trasimond étant mort, Fulgence sollicita et obtint son rappel d'Hildéric, successeur du roi décédé. Les catholiques de Carthage le reçurent en triomphe.

De retour à Ruspe, sa ville épiscopale, il s'appliqua avec zèle à tous les devoirs de sa charge, s'efforçant par de sages prescriptions de rétablir la discipline, qui s'était relâchée parmi le clergé et chez les religieux.

Dans l'année qui précéda sa mort, Fulgence s'éloigna de Ruspe et, suivi de quelques compagnons, se retira dans l'île de Circina. Faisant trève à ses nombreuses occupations, il s'adonna à la prière et à la contemplation. Mais ses fidèles ne le laissèrent pas goûter longtemps les douceurs de la retraite. A force de supplications, ils le décidèrent à revenir à Ruspe, au sein de son troupeau, où, bientôt après, il fut atteint d'une grave maladie. Au milieu de ses souffrances aiguës, il répétait sans cesse : *Domine, da patientiam, postea misericordiam :* Seigneur, donnez-moi la patience, puis faites-moi miséricorde. Dès qu'il vit que sa fin était imminente, il ordonna à ses clercs de distribuer aux pauvres tout le trésor de l'église. Sur le point d'expirer, il se tourna vers les assistants : « Je vous demande pardon, leur dit-il, de m'être montré si sévère envers vous, mais je n'avais d'autre but que le salut de vos âmes. » Puis il murmura une dernière prière, fixa les yeux au ciel et s'endormit dans le Seigneur, à l'âge de 70 ans, après un épiscopat de 25 ans.

Nous avons de cet illustre évêque des livres écrits avec autant de science que de piété. Il y défend avec zèle la vraie doctrine de la grâce contre les pélagiens, et s'attache constamment à soutenir les idées de saint Augustin.

Les œuvres de saint Fulgence forment une magnifique défense de la vérité catholique.

Saint Théogènes, évêque, et ses compagnons, martyrs. ◇—·—◇—·—◇—·—◇—·—◇

◇◇◇◇◇◇◇◇◇ **26 janvier.** ◇◇◇◇◇◇◇◇◇

THÉOGÈNES d'Hippone fut l'un des évêques qui assistèrent au Concile de Carthage réuni par St Cyprien pour discuter la question du baptême des hérétiques. Selon St Augustin, il émit dans cette assemblée un avis très sage eu égard aux circonstances.

On était alors sous le règne de Valérien. Cet empereur avait joui longtemps d'une grande réputation de vertu. On le disait même très favorable aux chrétiens. Mais il eut le malheur de donner sa confiance à Marcien. Cet homme astucieux et intrigant détermina le prince à renouveler les violences de ses prédécesseurs contre les chrétiens; à Rome la persécution fut sanglante. Elle s'étendit ensuite en Égypte et dans toute l'Afrique. Ce fut alors que St Cyprien, le plus illustre des évêques de l'époque, eut la tête tranchée. St Augustin compare très ingénieusement la hache du bourreau qui décapita le primat de Carthage, à la serpe dont l'agriculteur se sert pour émonder les branches inutiles d'un arbre vigoureux, voulant dire par là que St Cyprien avait mis trop de vivacité dans les discussions théologiques ; il avait amplement racheté cette faute par son glorieux martyre.

Théogènes imita la constance de Cyprien et mourut avec courage pour Jésus-Christ. Un passage des sermons de St Augustin prouve que la mémoire de cet évêque était en grand honneur à Hippone.

On rapporte ce martyre de Théogènes à l'année 259, ainsi que le supplice de 36 de ses compagnons, qui remportèrent avec lui la palme de la victoire.

Saint Cyrille d'Alexandrie, évêque, confesseur, docteur.

28 janvier.

CYRILLE avait reçu de Dieu une intelligence supérieure et une rare énergie de caractère. Dès son jeune âge on l'avait nourri des saintes Écritures. Plus tard, il se fit remarquer par son zèle ardent pour la défense de la foi catholique. Dieu lui-même, par un prodige, daigna le désigner au choix du clergé et des fidèles pour le siège patriarchal d'Alexandrie.

A cette époque, Nestorius répandait ses erreurs sur le mystère auguste de l'Incarnation divine. St Cyrille lutta avec force contre cet hérésiarque, qui mettait en doute la maternité divine de la B. V. Marie.

Un concile s'était réuni à Éphèse ; le pape Céles tin confia au patriarche d'Alexandrie l'honneur de présider en son nom l'auguste assemblée. On sai comment l'hérétique Nestorius fut condamné e le titre de Mère de Dieu solennellement reconn à Marie.

Julien l'Apostat avait publié des écrits rempli d'impiété et d'invectives grossières contre la reli gion chrétienne. Saint Cyrille les réfuta dans de ouvrages où l'on ne sait ce qu'on doit admirer l plus, de l'érudition ou de l'éloquence.

Tant de zèle devait nécessairement souleve contre le saint patriarche la haine des hérétiques On inventa, pour le perdre, les calomnies les plu odieuses ; on suscita les persécutions les plus vio lentes ; Cyrille supporta toutes ces épreuves avec une force admirable. Il avait coutume de dir qu'un pasteur au milieu de la persécution doi tout sacrifier pour la liberté de l'Église, de même que le navigateur assailli par la tempête jette tou à la mer pour sauver le vaisseau.

De retour dans la ville d'Alexandrie après la clôture du Concile d'Éphèse, il mit tous ses soin à ramener les catholiques qui s'étaient laissé en traîner dans l'erreur et le schisme.

Il poursuivit aussi ses travaux immenses jus qu'à sa mort, qui arriva l'an 445, après un épis copat de 32 ans.

St Célerin et ses compagnons, martyrs.

3 février.

SOus le règne de l'empereur Dèce, un grand nombre de chrétiens furent arrêtés à Rome. Parmi eux se trouvait un jeune homme originaire de Carthage, nommé Célerin. Il fut relâché (on ignore à quelle occasion) et se rendit en Afrique auprès de St Cyprien, que la persécution avait obligé de se réfugier dans une retraite cachée. Cyprien admit le jeune Célerin dans son clergé et l'éleva à l'ordre de lecteur ; l'évêque annonça cette ordination aux fidèles de Carthage en faisant un grand éloge de la foi de Célerin et de sa noble attitude en présence des persécuteurs de Rome.

Après la mort du pape Fabien, Corneille avait été porté au Souverain-Pontificat par les suffrages unanimes du clergé et des fidèles. Novatien, qui ambitionnait le siège de Rome, leva l'étendard de la révolte de concert avec l'africain Novat, et devint ainsi le premier anti-pape. Célerin, séduit, commençait à faiblir et à incliner pour les schismatiques. Mais, grâce à Dieu, il se releva bientôt de sa chute. Étudiant plus attentivement Novatien, il ne découvrit en lui que ruse et astuce. Il l'abandonna donc et revint au sein de l'Église. Puis, en présence de plusieurs évêques et de nombreux laïques, il dévoila la fourberie de Novatien et déplora la faute qu'il avait commise en s'écartant, ne fût-ce que pour un moment, du bercail de l'Église.

L'histoire ne dit plus rien de Célerin. On ignore le genre et l'époque de sa mort.

St Cyprien affirme que son exemple avait suscité toute une génération de martyrs. Du reste, Célerin avait trouvé d'illustres exemples dans sa propre famille. Sa grand'mère Célerine avait obtenu la palme. Ses oncles, tous deux militaires, avaient montré une foi ardente jusque dans le sein des camps et de l'armée. Il n'est donc pas étonnant que Célerin ait donné dès sa jeunesse le spectacle d'un si grand courage, puisqu'il avait pour ainsi dire sucé l'amour du martyre avec le lait maternel.

Saints Primus et Donatus, martyrs.

9 février.

PENDANT le règne de Constantin, les chrétiens avaient joui d'une paix profonde. Saint Optat, évêque de Milève, disait aux donatistes que l'empereur avait condamnés à l'exil : « Autrefois le démon gémissait dans les temples des idoles ; aujourd'hui, c'est votre tour de gémir dans les pays éloignés. »

L'an 362, les donatistes, à force de prières, obtinrent leur rappel de Julien, alors empereur. Ce prince, qui avait servi le vrai Dieu dans sa jeunesse, était devenu un ministre du démon et un apostat. Les donatistes, protégés par Julien, n'eurent pas de peine à rentrer en possession de leurs basiliques, avec une entière liberté de professer leurs erreurs.

Ils en profitèrent pour se déchaîner avec violence contre l'Église catholique. Saint Optat, indigné de tant d'horreurs, leur adressait cette apostrophe véhémente : « Vous êtes revenus de l'exil, la rage dans le cœur ; emportés par une colère aveugle, vous avez déchiré les membres de l'Église. Habiles à séduire les fidèles, cruels envers ceux qui vous résistaient, vous avez déclaré une guerre implacable aux enfants de paix. Vous avez chassé les évêques catholiques de leur sièges et envahi les basiliques. Vous vous êtes souillés de meurtres avec des circonstances si atroces que les juges publics ont cru devoir déférer vos violences à l'empereur. » Le saint évêque entre dans plusieurs détails : « Rappelez-vous vos tristes exploits dans de nombreuses localités. Votre Félix, votre Janvier, et tant d'autres, se sont rués sur le fort de Lemella, mais, ayant trouvé les portes de la basilique fermées, ils ont ordonné à leurs compagnons de monter sur le toit, d'en arracher les tuiles et de le découvrir. Les diacres catholiques voulaient protéger l'autel. Quelques-uns furent blessés par les tuiles que vos satellites leur lançaient. Deux diacres, Primus et Donatus, furent même tués, et cela en présence et avec les encouragements de vos évêques que j'ai nommés plus haut. »

Les saints Martyrs d'Abitine.

II février.

L'AN 304 de l'ère chrétienne, dans la cité d'Abitine, le prêtre Saturnin, entouré de fidèles, célébrait le dimanche dans la maison d'Octavien Félix. Les magistrats de la colonie, accompagnés du soldat qui montait la garde, les surprirent et les arrêtèrent. Conduits au tribunal, les chrétiens n'hésitèrent pas à confesser tous ensemble la foi de Jésus-Christ. On les charge de ces chaînes qu'ils avaient tant souhaitées, et on les traîne à Carthage devant le proconsul. Ils firent ce trajet en chantant des hymnes et en louant le Seigneur. Arrivés en présence d'Anulin, c'était le nom du proconsul, ils renouvelèrent leur courageuse profession de foi. Anulin, désespérant de vaincre leur résistance tant qu'ils seraient ensemble, décida de faire à chacun son procès séparément.

Octavien est appelé le premier ; il déclare qu'il

a célébré le dimanche. On l'étend sur le chevalet, on déchire ses membres avec des ongles de fer. Pendant que les bourreaux, attentifs à leur horrible besogne, s'apprêtaient à recommencer le supplice, un chrétien, nommé Thélica, se précipite au milieu d'eux en s'écriant : «Nous sommes chrétiens, nous avons célébré le dimanche. »

Le proconsul, irrité de cette hardiesse, ordonna de le frapper à coups redoublés ; puis il le fit étendre sur le chevalet et déchirer avec des ongles de fer. Pendant ce temps, Thélica rendait grâces à Dieu et demandait pardon pour ses bourreaux. Le proconsul lui ayant dit : Pourquoi ne pas obéir aux ordres des Césars ? « Je n'obéis, répondit-il, qu'à la loi de Dieu, qu'on m'a enseignée et pour laquelle je veux mourir. »

On ramène Thélica dans la prison. Anulin se retourna vers Dativus ; celui-ci, étendu sur le chevalet, avait été témoin des souffrances de son compagnon, et plusieurs fois avait joint sa voix à la sienne pour attester leur foi commune.

Alors un païen, nommé Fortunatus, frère de la martyre Victoire, s'avance au milieu du tribunal et accuse Dativus d'avoir, par des espérances dérisoires, séduit sa sœur, et de l'avoir entraînée avec Secunda et Restituta dans la ville d'Abitine pour assister aux réunions chrétiennes. Victoire, entendant cette calomnie, ne put la supporter et déclara que Dativus était innocent. Fortunatus s'adressa au martyr et l'accabla d'outrages ; Dativus de son chevalet se défendait noblement. Le proconsul ordonna au bourreau de multiplier les tortures, mais la douleur n'arrachait au martyr que ces paroles : *O Seigneur Jésus, ne permettez pas que je sois confondu.*

Ensuite, on fait avancer le prêtre Saturnin, qui déclare avoir célébré le dimanche parce que, disait-il, ce serait un crime pour un chrétien de l'omettre. On l'étend à son tour sur le chevalet. Le lecteur Émeritus n'attend pas qu'on l'interroge, et il s'écrie que lui-même a donné sa maison pour y célébrer les réunions chrétiennes. Les bourreaux s'en saisissent et le torturent.

Anulin donnait l'ordre de laisser quelque répit aux patients, quand Félix, suivi de tous les chrétiens qu'on avait arrêtés, se présente devant le tribunal : tous ensemble, par leurs regards assurés, témoignent qu'ils sont prêts à subir les mêmes tourments que leurs compagnons. On demande à Félix s'il était présent à la réunion du dimanche : « Oui, répond-il, nous avons célébré solennellement le jour du Seigneur. Nous nous réunissons en ce jour pour lire les saintes Écritures. » Cette profession de foi lui attire des coups de bâton appliqués avec une telle violence, qu'il tombe et expire. Un autre Félix est aussi roué de coups. On l'emporte à demi mort dans la prison, où il ne tarde pas à rendre le dernier soupir. Ampélius reçoit de rudes coups sur la tête ; Rogatien est condamné aux fers ; Quintus, Maximien et Félix le jeune sont ramenés en prison après avoir été cruellement fustigés. Un supplice plus atroce est réservé au lecteur Saturnin : toujours couché sur le chevalet, on lui déchire les flancs avec des ongles de fer.

La journée s'était ainsi passée à tourmenter les chrétiens et la nuit s'approchait. Le proconsul voulut faire une dernière tentative, qui demeura encore sans succès. Alors il ordonna de les reconduire tous en prison : ils étaient au nombre de quarante-neuf.

L'honneur du triomphe était aussi réservé aux femmes dans la personne de Victoire. Anulin l'ayant interrogée sur sa foi, elle répondit : « Je suis chrétienne, j'ai assisté à la réunion du dimanche.» Son frère Fortunatus, membre du barreau, et qui était venu pour la défendre, affirmait qu'elle était tombée en démence. « Non, disait-elle, je n'ai jamais perdu le sens. » Et comme le proconsul insistait en l'engageant à suivre les conseils de son frère, elle s'écrie avec plus de force que jamais : « J'ai célébré le dimanche parce que je suis chrétienne. »

Anulin, rendu furieux par tant de courage, envoya Victoire rejoindre les autres chrétiens qu'il se proposait de faire mourir. Restait encore un petit enfant, nommé Hilarion, qui surprit le proconsul par son intrépidité. L'enfant criait : « Je suis chrétien. » On le menace de lui couper les cheveux, le nez et les oreilles. « Faites ce que vous voudrez, » répondait-il.

Le proconsul le condamne comme les autres, et le petit Hilarion de louer Dieu, qui exauçait son vœu le plus cher.

On ignore comment finirent tous ces martyrs. On lit seulement dans les actes, d'où ce récit a été tiré :

« Ici s'achève le glorieux combat, ici les mar-
» tyrs de Jésus-Christ se réjouissent de leurs
» souffrances au sein des délices éternelles. »

Sainte Marcienne.

12 février.

L'AN 305, la ville de Césarée, en Mauritanie, eut l'insigne honneur de voir le martyre d'une vierge illustre nommée Marcienne.

Elle était née à Rusuccure et joignait une beauté éclatante à la noblesse de son origine. Elle s'était retirée à Césarée pour y vivre cachée loin des plaisirs et des séductions du monde. Grâce à l'obscurité de son existence, elle put conserver intacte la fleur de la pureté, qu'elle avait promise à Dieu.

Un jour, le hasard amena Marcienne sur la place publique : en passant près d'une fontaine, elle aperçut une statue de Diane. La vue de cette idole la remplit d'horreur, et dans son zèle, elle en frappe la tête et la fait rouler à terre. Des païens avaient été témoins de cette action audacieuse. Ils se jettent sur la jeune vierge, la frappent rudement et la conduisent au juge. Arrivée en présence du magistrat, Marcienne déclara qu'elle était chrétienne, puis, s'adressant au peuple, elle l'exhorta vivement à rejeter ses vaines superstitions. Le juge, pour l'en punir, lui fait appliquer des soufflets ; il la réservait à un châtiment plus honteux encore, mais Dieu sut protéger la chasteté de sa céleste épouse. Enfin le jour tant souhaité du martyre se leva pour elle. On célébrait alors des jeux publics. Les gladiateurs se disposaient à descendre dans l'amphithéâtre, mais le peuple demanda à grands cris que la jeune chrétienne fût livrée aux bêtes. On l'attache à un pieu au milieu de l'arène ; on lâche contre elle un lion féroce : l'animal bondit, et, se dressant sur lui-même, il appuie ses pattes sur la poitrine de Marcienne ; mais tout à coup, après avoir flairé la sainte, il se retire précipitamment sans lui avoir fait aucun mal. Stupéfait de ce prodige, le peuple sollicitait la grâce de la vierge chrétienne. Mais les Juifs qui s'étaient mêlés aux spectateurs, encouragés par le chef de leur synagogue, poussaient des clameurs pour empêcher le peuple de céder à un sentiment de pitié. Alors les gladiateurs lancent contre Marcienne un taureau furieux, qui d'un coup de corne déchire le sein de Marcienne. On l'éloigne de l'amphithéâtre, et quand le sang a cessé de couler, on la ramène dans l'arène. La courageuse vierge s'écrie : O Jésus-Christ, je vous vois, je vous suis, recevez l'âme de votre servante ! Les gladiateurs introduisent un léopard, qui se précipite sur Marcienne et déchire ses membres délicats. L'âme de la martyre s'était envolée au ciel.

On rapporte qu'à ce moment même la maison du chef de la synagogue fut consumée par un incendie mystérieux, et qu'on chercha, mais toujours en vain, à la rebâtir.

Saint Arcade, martyr.

13 février.

CÉSARÉE fut encore honorée par le martyre d'Arcadius. Les païens contraignaient les chrétiens à brûler de l'encens aux faux dieux. Arcade s'éloigna secrètement de la ville pour s'épargner ce triste spectacle. Bientôt après, il apprit qu'un de ses parents était retenu en prison pour avoir refusé de découvrir l'endroit où il était caché.

Arcade sortit de sa retraite pour délivrer son parent, et par là même, il se déclara chrétien et prêt à mourir pour la foi. Un tel langage irrita le juge outre mesure. « Qu'on lui coupe les mains et les pieds, s'écria-t-il en fureur, et qu'il voie son corps encore vivant, réduit à l'état de cadavre. »

En effet, Arcade voit ses pieds et ses mains tomber sous la hache du bourreau, et ce supplice lui cause d'inexprimables souffrances. Loin de demander grâce, il s'adresse à ses membres qui étaient à terre palpitants, ensanglantés : « Heureux membres, dit-il, qui avez mérité de souffrir pour Dieu ! Je ne vous ai jamais tant aimés qu'à cette heure où je vous vois séparés de mon corps. Un jour nous serons réunis de nouveau pour jouir d'une gloire immortelle. » En disant ces mots, il expire et va dans les cieux recevoir sa couronne.

St Montan et ses compagnons, martyrs.

25 février.

L'AN 259, dans la ville de Carthage, Lucius, Montan, Flavien, Julien, Victorien, Renus, furent arrêtés comme chrétiens. On croit qu'ils faisaient partie du clergé. Deux catéchumènes, Primolus et Donatien, partagèrent leur sort. Les soldats chargés de les garder leur dirent qu'on les destinait au supplice du feu.

Le magistrat qui remplissait les fonctions de proconsul, avait eu réellement la pensée de les faire mourir dans les flammes. Mais, par un effet de la Providence, il changea tout à coup de dessein, et fit enfermer les chrétiens dans un obscur cachot. Dieu daigna éclairer la prison d'une lumière miraculeuse si vive, si agréable, que les prisonniers se croyaient moins dans un cachot que transportés au ciel. Vint le jour où ils devaient comparaître devant le tribunal. Renus, dans une vision surnaturelle, en avait été instruit et l'avait annoncé à ses compagnons, qui accueillirent cette nouvelle avec une joie indicible. Les soldats, ignorant le lieu où le juge voulait les entendre, les traînèrent dans toutes les directions, sur la place publique. Enfin, on les manda dans une salle d'audience appelée Secretarium. Tous les martyrs affirmèrent leur foi avec une admirable fermeté. Mais Dieu les réservait à un second combat, à une seconde victoire. On les ramène en prison, où Primolus et Donatien rendirent à Dieu leurs belles âmes, après avoir été purifiés par le saint baptême.

Leurs compagnons puisèrent de nouvelles forces dans l'auguste sacrement de l'Eucharistie. La Providence les favorisa même de visions surnaturelles, afin de tremper davantage leur énergie, et

leur adjoignit bientôt le prêtre Victor et une chrétienne, nommée Quartillosia, tout à la fois mère
et épouse de martyrs. Dieu réservait à cette femme
l'honneur de mourir la première.

Durant plusieurs mois, les chrétiens captifs souffrirent, avec l'infection de la prison, tous les tourments de la faim et de la soif. Enfin, on reçut
l'ordre de les amener devant le proconsul. Pendant
ce nouvel interrogatoire, aucun d'eux ne faiblit.
Tous, d'une voix unanime, déclarèrent qu'ils
étaient chrétiens.

Quelques amis de Flavien voulaient le sauver
à tout prix. Flavien avait déclaré qu'il était diacre. Ses amis prétendirent que c'était faux, que
jamais il n'avait reçu les ordres sacrés. Le juge
le renvoya dans la prison, à la grande douleur du
courageux diacre, qui se voyait frustré de l'honneur du martyre.

Cependant le proconsul prononce une sentence
de mort contre Lucius, Montan, Julien et Victo-
rieu. Quant à Renus, il était probablement mort
en prison.

Les saints confesseurs firent le trajet du tribunal au lieu du supplice, le visage souriant et s'ex-
citant mutuellement à souffrir avec courage. La
foule se pressait sur le chemin qu'ils devaient par-
courir. Montan, qui, à la vigueur d'une santé à
toute épreuve, joignait une force d'âme indomp-

table, adressait aux spectateurs des instructions salutaires. Le bourreau avait déjà fait tomber les têtes de ses compagnons, il brandissait déjà l'épée sur Montan, quand celui-ci leva au ciel des yeux et des bras suppliants et, dans une prière fervente, demanda à Dieu que Flavien, le seul qu'on eût épargné, partageât leur sort glorieux avant trois jours. Comme gage de son désir, il déchire en deux le bandeau qui lui couvrait les yeux, et en laisse la moitié pour servir au même usage à Flavien quand il serait décapité.

Il désigne même la place où on déposera le corps de Flavien à côté de ses compagnons, afin que la tombe même ne les sépare point.

Cela fait, il tend le cou au bourreau, qui lui tranche la tête.

Deux jours après, selon le vœu de Montan, Flavien était arraché de sa prison pour être supplicié.

Depuis le premier interrogatoire, la mère de Flavien n'avait pas quitté son fils. Femme d'une foi incomparable, elle gémissait amèrement de ce que son enfant n'avait pas été jugé digne du martyre. Flavien admirait des sentiments si généreux, et il tâchait de la consoler en lui disant : « Ma mère, vous savez que je n'ai jamais souhaité qu'une chose, être arrêté, rester longtemps enchaîné, afin de savourer à petits traits mon martyre. Dieu m'a exaucé. Réjouissez-vous avec moi de ces délais. »

Puis, rejetant tous les conseils de ses amis, il déclara qu'il était chrétien et même diacre. Cet aveu lui attira la torture et finalement une condamnation à mort.

On arrive sur le lieu du supplice. Flavien monte sur une petite éminence de terre, demande le silence avec la main et adresse aux spectateurs une touchante exhortation sur la charité chrétienne. Puis il redescend, se couvre les yeux avec la moitié du bandeau que saint Montan lui avait laissée, et, fléchissant le genou, il commence une prière qu'il alla terminer dans le ciel.

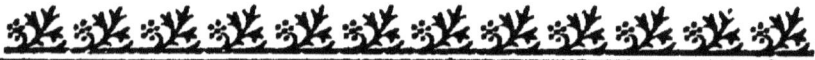

Sainte Perpétue, sainte Félicité et leurs compagnons, martyrs.

7 mars.

SOus le règne de l'empereur Sévère, on arrêta en Afrique plusieurs jeunes catéchumènes des deux sexes, nommés Revocatus, Félicité, Saturnin et Secundulus. On leur adjoignit Perpétue, jeune femme née de parents distingués qui, après lui avoir fait donner une bonne éducation, l'avaient engagée dans les liens d'un honnête mariage. Per-

pétue était à peine âgée de 22 ans quand elle fut
arrêtée ; elle portait un enfant à la mamelle. Nous
avons, écrit de sa propre main, un récit de ses
souffrances. Nous la laisserons parler : « J'étais
entre les mains des persécuteurs, dit-elle, quand
mon père vint me trouver et, poussé par l'affec-
tion la plus tendre, s'efforça de me faire changer
de résolution. « Mon père, lui répondis-je, je suis
chrétienne, je ne puis vous dire autre chose.» Ma
réponse exaspéra ce bon vieillard ; il se jeta sur
moi pour m'arracher les yeux. Mais il se contenta
de me menacer et se retira navré de son insuccès·
» Peu de jours après, nous fûmes tous baptisés·
L'Esprit-Saint, en descendant en moi avec l'eau
du baptême, m'inspira de ne demander à Dieu d'autre grâce que le martyre. On nous enferma dans
une prison. Je fus d'abord effrayée de l'obscurité, à
laquelle je n'étais pas habituée. Bientôt le bruit
se répandit qu'on nous ferait comparaître devant
le tribunal. Mon père, dévoré d'inquiétude, accou-
rut de la ville et essaya de m'attendrir. Il me disait en pleurant : «Ma fille, si je suis digne d'être
appelé ton père, prends en pitié mes cheveux
blancs. Pense à tes frères, à ta mère, à ce petit
enfant qui ne pourra pas te survivre. Laisse-toi
fléchir et ne nous fais pas tous mourir de chagrin.»
Puis il se jetait à mes pieds, versant des larmes
abondantes. A la vue de cette tête blanchie, mon
cœur se déchirait. Une pensée surtout me navrait.

De toute ma famille, ce tendre père serait le seul qui ne se réjouirait pas de mon triomphe. Je m'efforçais de l'encourager, lui disant: «Nous sommes tous entre les mains de Dieu ; il n'arrivera que ce qu'Il voudra. » Mon père se retira tout abattu par le chagrin.

«Un autre jour nous prenions notre repas : tout à coup, on nous entraîne à l'audience. On nous fait monter sur une estrade et on interroge mes compagnons, puis on s'adresse à moi. En ce moment, mon père paraît, tenant mon petit enfant dans ses bras. Il m'entraîne au bas de l'échafaud et me dit, le visage baigné de pleurs : «Aie pitié de ton enfant !» Hilarion, qui présidait le tribunal, me disait aussi : « Épargne les cheveux blancs de ton père et la vie de ton enfant ; sacrifie aux dieux pour la santé des empereurs. — Je suis chrétienne, m'écriai-je, je ne le ferai jamais. » Hilarion nous condamne tous aux bêtes. Nous revenons joyeux dans la prison ; jusqu'alors, on m'avait laissé mon enfant, et je le nourrissais en prison. Je fais prier mon père de me l'apporter. Mon père s'y refuse. Par une faveur de Dieu, l'enfant ne demanda plus le sein et moi-même je n'en fus pas incommodée.»

Ici s'arrête le récit laissé par sainte Perpétue.

Félicité était enceinte depuis huit mois quand on l'arrêta. Le jour des spectacles était proche. La jeune femme gémissait de ce qu'étant près de son terme, on différerait peut-être son martyre. Ses compagnons s'associaient à ses regrets : tous ensemble, dans une prière fervente, demandèrent à Dieu sa délivrance. Ils achevaient à peine leur prière que Félicité sentit les douleurs de l'enfantement. Comme elle poussait quelques gémissements, l'un des gardes lui dit : Si vous vous plaignez ainsi, comment supporterez-vous la dent des bêtes ? Félicité répondit : Maintenant je souffre toute seule ; dans l'amphithéâtre, un autre souffrira avec moi, parce que je souffrirai pour lui. Elle mit au jour une fille, qui fut recueillie et élevée par une sœur de Félicité.

Enfin le jour de leur triomphe se leva. On les tire de prison, et les martyrs s'avancent vers le lieu du supplice, le visage rayonnant de joie, comme s'ils montaient au ciel.

Perpétue les suivait, calme, digne, jetant sur les spectateurs des regards modestes mais pleins d'assurance. Près d'elle marchait Félicité, remerciant Dieu avec effusion de son heureuse délivrance, qui lui permettait d'être exposée aux bêtes.

On enferme les deux jeunes femmes dans des filets. Perpétue est introduite la première dans l'arène. On avait lâché une vache furieuse, qui se jette sur elle. Perpétue tombe à la renverse. Elle s'aperçoit que sa robe est déchirée. Elle se couvre avec pudeur et arrange ses cheveux en désordre. Il ne convenait pas, pensait-elle, à une martyre triomphante de paraître les cheveux épars, ce

qui est un signe de douleur. Félicité, qui l'aperçoit
à terre, s'avance vers elle, lui tend la main et l'aide
à se relever. Toutes deux se tiennent debout au
milieu de l'amphithéâtre. Le peuple, touché de
pitié, demande qu'on les éloigne. Arrivée en dehors de l'enceinte, Perpétue parut s'éveiller d'un
profond sommeil, et demanda, à la stupéfaction
générale, quand on les exposerait à la férocité de
cette vache. On lui dit ce qui était arrivé; elle ne le
crut que quand elle vit ses membres meurtris et
ses vêtements déchirés.

Alors elle fit appeler son frère Rusticus, qui n'é-
tait encore que catéchumène. « Soyez fermes dans
la foi, dit-elle, aimez-vous tendrement les uns les
autres, et ne vous effrayez pas de mes souffrances. »

Dieu avait bien voulu rappeler à lui Secundulus dans la prison.

Satur fut exposé à un sanglier, puis poussé vers
un ours, qui ne voulut pas sortir de sa cage.

On éloigna Satur, que Dieu avait deux fois conservé sain et sauf. A la fin des jeux, on le ramena
dans l'arène et on l'exposa à un léopard féroce qui,
d'un seul coup de dent, le déchire et le couvre de
sang. Puis on le couche demi-mort, avec les autres,
à l'endroit où on avait coutume d'achever les victimes. Le peuple altéré de sang demande qu'on
les égorge sous ses yeux. Les martyrs se lèvent

3

d'eux-mêmes et se rendent à l'endroit désigné. Là ils se donnent mutuellement le baiser de paix et reçoivent avec calme le coup mortel. Les Actes des Martyrs ajoutent un détail intéressant sur Perpétue. Le gladiateur qui devait l'achever était novice : il enfonça maladroitement la pointe de son épée dans le flanc de la jeune femme. Celle-ci prit la pointe et la dirigea elle-même sur sa gorge. Ainsi mourut Perpétue, laissant à l'Église d'Afrique un souvenir impérissable.

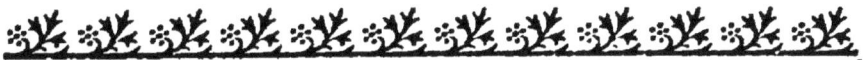

Saint Deo-Gratias, évêque de Carthage.

22 mars.

LE 22 septembre 454 eut lieu à Carthage, au milieu de la joie universelle, la consécration de l'évêque Deo-Gratias. La Providence l'avait choisi exprès pour soulager les nombreux captifs qui devaient arriver de Rome, saccagée par le barbare Genséric. L'exemple de dévouement que cet illustre évêque donna fut une preuve éclatante, aux yeux même des ariens et des païens, que le véritable esprit de charité ne réside que dans la seule Église catholique.

La flotte royale était de retour chargée des dépouilles de la capitale de l'empire romain. Les vaisseaux étaient encombrés de prisonniers de tout rang et de tout âge. On les exposa sur le marché de Carthage pour être vendus comme des esclaves. Ce triste spectacle navra le cœur de l'évêque Deo-Gratias. Le saint homme se multiplia pour soulager tant de misères ; il prodigua ses consolations et son argent. A bout de ressources, il n'hésita pas à vendre les vases sacrés de son église pour racheter les prisonniers, conserver aux maris leurs épouses, aux parents leurs enfants.

Bientôt l'espace fit défaut pour abriter tant de malheureux. Deo-Gratias fit disposer des lits dans deux de ses basiliques, pour y recevoir ceux qui n'avaient pu trouver de refuge. Par son ordre on faisait chaque jour une distribution de vivres. Beaucoup d'entre les captifs étaient malades, à la suite des souffrances occasionnées par le voyage et la captivité. Le saint évêque, suivi de médecins et de serviteurs avec des médicaments et des vivres, parcourait les salles, s'arrêtait auprès de chaque lit, adressait à chacun une parole de consolation et d'encouragement. Ni la nuit ni la vieillesse n'interrompirent ces visites charitables.

Les ariens, dévorés de jalousie à la vue d'un si grand dévouement, essayèrent bien des fois d'attenter à sa vie. Mais Dieu, dit Victor de Vite, prévoyant ces attentats sacrilèges, voulut délivrer son passereau des serres du vautour. Grande fut la douleur des malheureux qu'il avait rachetés de l'esclavage, en apprenant la mort du saint évêque.

Il avait occupé le siège de Carthage trois ans, deux mois et six jours.

Afin d'empêcher le peuple de déchirer son corps pour en conserver les reliques, les clercs ensevelirent leur pasteur secrètement pendant que les fidèles étaient réunis pour le saint sacrifice.

St Victorien et ses compagnons, martyrs.

23 mars.

L'AN 484 et la huitième année du règne d'Hunéric, Victorien, originaire d'Adrumète et proconsul de Carthage, subit les plus cruels supplices et remporta la couronne du martyre dans les circonstances suivantes.

C'était l'homme le plus opulent de l'Afrique. Le roi, quoique ennemi des catholiques, avait en lui la plus entière confiance. Lorsque ce prince impie eut publié des édits sanglants contre les catholiques, il fit dire secrètement à Victorien, dont il connaissait l'attachement à la foi orthodoxe, que, s'il consentait à la renier, il l'élèverait au premier rang de sa cour. Mais l'homme de Dieu fit aux envoyés du roi cette admirable réponse : « Allez dire au roi que je mets toute ma confiance en Jésus-Christ, mon Dieu et mon Seigneur. Les flammes, les bêtes ou tout autre supplice, n'ont rien qui puisse m'effrayer. Je ne consentirai jamais à abandonner l'Église catholique, dans laquelle j'ai été baptisé. N'y eût-il pas une vie bienheureuse et immortelle après celle-ci, je ne voudrais pas me rendre coupable d'ingratitude envers le Créateur, qui a répandu sur moi les grâces les plus précieuses. » Comme on le pense bien, cette réponse énergique irrita au plus haut point le roi Hunéric. Dans sa fureur, il condamna Victorien à des tortures telles, qu'aucune langue n'a d'expression assez fortes pour les décrire.

La même persécution fit encore deux intéressantes victimes dans la ville de Tambaja.

Deux frères étaient convenus de demander aux bourreaux la faveur de périr par le même supplice. En effet, on les suspendit tous deux à des gibets, et on leur attacha à chaque pied une lourde pierre. On les laissa tout un jour dans cette position intolérable. L'un d'eux, vaincu par la douleur, demanda qu'on le descendit et qu'on lui laissât un peu de répit. Mais son frère, craignant qu'il ne reniât la foi, lui cria du haut de son gibet: « Frère, gardez-vous-en bien, vous observez mal nos conventions. Je vous accuserai au tribunal de Jésus-Christ quand s'élèvera le jour terrible du Jugement. Souvenez-vous que nous avons juré, sur le corps et le sang du Sauveur, de mourir courageusement pour lui. » Ces paroles ranimèrent le courage de l'autre chrétien. Celui-ci se raidit contre la douleur et retrouva même assez d'énergie pour dire aux persécuteurs : « Ajoutez tortures sur tortures; ce que mon frère souffre avec tant de courage, je veux le souffrir également. » Alors on les tourmenta avec un raffinement inouï de cruauté ; lames de fer rouge, ongles de fer, on employa tout pour les tourmenter. Ils moururent tous deux et allèrent ensemble recevoir leur couronne des mains de Jésus-Christ.

Saints Archimime, Armogaste et Satur, martyrs.

29 mars.

PENDANT la persécution que Genséric suscita contre les catholiques, Archimime, Numide d'origine, montra un courage digne d'un martyr. Les ariens avaient mis tout en œuvre pour ébranler sa foi. Genséric lui-même lui fit de magnifiques promesses. Mais il vit bientôt que l'illustre confesseur méprisait trop les richesses pour se laisser séduire par la perspective d'une grande récompense. Le prince porta contre lui une sentence de mort. Auparavant, il avait recommandé à l'exécuteur d'observer si, au moment où l'épée serait levée sur sa tête, Archimime donnerait quelque signe de crainte ou de faiblesse. Dans ce cas, il devrait frapper. Le roi pensait qu'un homme mourant sans courage ne serait pas honoré comme martyr. Si, au contraire, la vue de l'épée ne faisait pas sourciller le patient, l'exécuteur avait ordre de l'épargner. Le jour de l'exécution étant arrivé, Archimime se laissa conduire par le bourreau au lieu du supplice, et là il s'agenouilla, tendit le cou, attendant la mort avec l'immobilité d'une colonne. Archimime fut épargné ; mais si la jalousie du roi lui ravit l'honneur du martyre, elle fut impuissante à faire de notre saint confesseur un lâche et un apostat.

Le même Genséric, selon le conseil que ses évêques lui en avaient donné, décida que les fonctions de la cour ne seraient désormais confiées qu'à des ariens. Au nombre des officiers du roi, se trouvait le comte Armogaste, fervent catholique.

Les ariens prirent à tâche de lui faire abjurer la foi orthodoxe. Le comte résista aux menaces aussi bien qu'aux promesses. A bout d'arguments, les ariens introduisent le bourreau. A l'aide de liens formés avec des nerfs solides, on serre étroitement les jambes et la tête du patient. Mais à plusieurs reprises, le saint ayant levé les yeux au ciel, les nerfs se rompirent, prodige qui étonna grandement les ariens. On le suspend alors par un pied, la tête en bas. Dans cette position incommode, le visage d'Armogaste parut aussi calme que celui d'un homme qui reposerait paisiblement sur un lit de plumes.

Théodoric, fils du roi, voyant que les tortures restaient sans effet, allait donner l'ordre de couper la tête au comte : mais son prêtre Jucundus lui fit observer que, s'il le faisait mourir, les Romains ne manqueraient pas de l'honorer comme martyr. Le prince révoqua l'ordre qu'il venait de donner et relégua Armogaste dans la Byzacène, le condamnant à creuser des fosses. Cet outrage ne parut pas suffisant au prince ; il y mit le comble en obligeant le comte à garder des bestiaux, presque sous les murs de Carthage et à la vue de tout le monde. Le saint supporta cet affront avec un calme admirable. A quelque temps de là, Dieu daigna lui révéler que le jour de sa mort était proche. Il fit appeler un chrétien vénérable nommé Félix, qui avait charge d'intendant auprès du fils du roi. Le serviteur de Dieu lui désigna une place sous un chêne où il voulait être enseveli. Félix, pour ne pas le contrister, lui promit d'exécuter sa volonté. Peu de jours après, Armogaste rendait le dernier soupir. Félix, selon son désir, creusait une fosse au lieu désigné, mais à sa grande surprise, il découvrit un sarcophage du plus beau marbre, où il ensevelit avec joie le corps du saint confesseur.

Vers la même époque, Satur, intendant royal,

fut en butte aux persécutions d'Hunéric, à l'insti-
gation d'un diacre arien nommé Marivodus, que
le roi avait en grande estime. On employa les
moyens d'usage, de belles promesses, des caresses,
des menaces. On lui annonçait que, s'il résistait
aux ordres du roi, tous ses biens seraient confis-
qués, ses enfants vendus comme esclaves, sa femme
mariée à un conducteur de chameaux. Satur, loin
de céder, provoquait même les ariens, les pressant
d'exécuter leurs menaces. On voulut tenter un
dernier moyen. On lui envoya sa femme. Celle-ci
vint, entourée de ses enfants, et portant une petite
fille dans ses bras.

Arrivée près du saint, elle se jette à ses pieds,
arrose la terre de ses larmes, et lui demande, en
sanglotant, de quel cœur il pourrait supporter que
ses enfants fussent réduits en esclavage, et son
épouse condamnée à une union si déshonorante.
Satur lui répondit : « Je gémirais de tous ces malheurs s'il n'y avait pas une autre vie plus douce
que la vie présente. Qu'on m'arrache mes enfants,
qu'on me sépare de mon épouse, qu'on me ravisse
mes biens, je me consolerai par cette promesse de
mon Dieu: «Celui qui n'abandonnera pas sa femme,
ses enfants, sa maison à cause de moi, ne peut
être mon disciple. »

Satur fut banni après de cruelles tortures. On
confisqua tous ses biens ; il fut réduit à mendier
son pain et mourut ainsi dans la dernière misère.

Mais si la violence des persécuteurs lui enleva tout ce qu'il avait au monde, elle ne put lui ôter la robe immaculée de son baptême.

Saint Marcellin, martyr à Carthage.

6 avril.

MARCELLIN, personnage d'une grande droiture, avait été élevé par l'empereur Honorius à la dignité de tribun. Ce prince, pour mettre fin aux divisions entre catholiques et donatistes, prescrivit aux évêques des deux partis de se réunir en conférence et d'y discuter les questions en litige. Marcellin fut désigné pour présider l'assemblée. Cet homme de bien avait en horreur les subterfuges des hérétiques. Il se réjouit de pouvoir mettre un terme à ces divisions déplorables. Les évêques se réunirent à Carthage. Lorsque la discussion fut close, Marcellin résuma les débats et donna gain de cause aux catholiques. Vaincus sur tous les points, les donatistes en appelèrent à l'empereur. Mais Honorius, ayant pris connaissance des rapports que Marcellin lui avait adressés sur toute cette affaire, porta des peines sévères contre les donatistes. La plupart des hérétiques, au témoignage de St Augustin, qui avait été l'âme de la conférence, ouvrirent les yeux et rentrèrent dans le sein de l'Église. Le zèle que Marcellin avait déployé contre les donatistes excita la haine de ceux-ci ; ils mirent tout en œuvre pour le perdre.

Héraclien s'était révolté contre l'empereur ; le comte Marin, qui favorisait l'hérésie, vainquit le rebelle et profita de cette occasion pour accuser faussement Marcellin d'avoir trempé dans la révolte. Il le fit arrêter. En ce moment, un Concile s'était assemblé à Carthage, convoqué par Aurélius, évêque de cette ville. Les Pères apprirent avec douleur l'arrestation de ce grand chrétien, qui avait tant mérité de l'Église. Puis, coup sur coup, on apprit qu'il était jugé, condamné à perdre la tête et exécuté.

Saint Augustin, dans divers ouvrages, a fait un magnifique éloge de Marcellin, et l'Église de Carthage l'a toujours honoré comme martyr.

St Térence et ses compagnons, martyrs.

◦◦◦◦◦◦◦◦◦◦◦◦ 10 avril. ◦◦◦◦◦◦◦◦◦◦◦◦

L'EMPEREUR Dèce avait fait publier dans toutes les provinces de l'empire romain un édit sévère contre les chrétiens. Ceux-ci devaient sacrifier aux dieux sous peine des plus cruels supplices. Le préfet Frumence reçut en Afrique le décret impérial, et sur le champ il convoqua le

peuple, promulgua solennellement l'édit. Les instruments de supplice étaient exposés aux yeux des
spectateurs. Les chrétiens furent mis en demeure
d'obéir à l'ordre de l'empereur. La vue des terribles
instruments épouvanta quelques-uns d'entre eux ;
ils eurent la faiblesse de renier leur foi. Mais d'autres, comme Térence, Africain, Maxime, etc., s'é-
taient engagés par serment à mourir plutôt que de
sacrifier. Introduits devant Frumence, les généreux
athlètes de Jésus-Christ firent une éloquente apo-
logie de la religion chrétienne, démontrant victorieusement l'inanité des idoles que les païens ado-
raient. Terentius, qui parlait au nom de tous, con-
cluait ainsi : « Si vous connaissiez, ô préfet, la
puissance du Crucifié, vous rejetteriez vos vains
simulacres pour adorer Jésus-Christ. C'est lui qui
est vraiment le Fils de Dieu : pour obéir à la volonté de son Père, il est descendu ici-bas, il a uni
sa divinité à la nature humaine, il a voulu subir
le supplice de la Croix pour nous sauver. » Le préfet, irrité de cette courageuse défense, les fit reconduire en prison et surveiller activement.

Ensuite Frumence s'adressa à d'autres confesseurs nommés Zénon, Alexandre et Théodore, et
les engagea vivement à embrasser le culte des idoles. Les chrétiens ne tinrent aucun compte de ces
avertissements. Alors on les frappa rudement avec
des verges garnies d'épines, puis avec des nerfs de
bœuf. Les licteurs fatigués se succédaient sans re-

lâche. A la fin, les coups s'étaient tellement multipliés que les entrailles des patients jaillissaient au dehors. Par ordre du préfet on allume un feu ardent; puis, après avoir répandu du sel et du vinaigre sur les plaies vives, on fait brûler le dos des martyrs. Le préfet désespère de leur faire renier leur foi, il les condamne tous à la peine capitale; cette sentence est accueillie avec des transports de joie par les chrétiens. Tous marchent allègrement vers le lieu du supplice. Arrivés là, ils s'agenouillent, présentent la tête et sont égorgés. Des personnes pieuses vinrent secrètement enlever les corps, et les ensevelirent honorablement en terre sainte.

Après cette exécution, le préfet Frumence fit comparaître de nouveau Térence, Africain, Maxime et Pompée. Mais ceux-ci apportèrent la même énergie que la première fois à défendre la religion chrétienne. On les ramène en prison; on enchaîne leurs mains et leurs pieds et on les couche sur des pointes de fer. On défend expressément aux gardiens de permettre à qui que ce soit de leur apporter de la nourriture.

Vers minuit, la prison fut subitement éclairée d'une vive lumière. Un ange leur apparut et leur dit : *Serviteurs du Très-Haut, levez-vous et mangez.* Puis il s'approcha des confesseurs et toucha leurs chaînes, qui tombèrent d'elles-mêmes. Les prisonniers aperçurent devant eux une table abondamment servie. Ils remercièrent Dieu et prirent leur nourriture.

Peu de jours après, on les reconduisait devant le préfet. Frumence ordonna de les déchirer avec des ongles de fer, puis, faisant apporter des reptiles venimeux de toutes sortes, il les fit déposer autour des chrétiens. Mais les serpents ne leur firent aucun mal. Le préfet, hors de lui, les condamna à avoir la tête tranchée. Et ainsi triomphèrent ces généreux martyrs.

Saint Marien et saint Jacques, martyrs de Cirtha (Constantine).

19 avril.

MARIEN et Jacques étaient deux chrétiens de Numidie, que leur grande piété fit admettre dans le clergé. Marien était lecteur, Jacques avait été honoré du diaconat. Ils apprirent par une vision surnaturelle que Dieu les destinait au martyre. Un jour, ils voyageaient tous deux sur le même char. Vers midi, à un détour du chemin, Jacques s'endormit tout-à-coup. Pendant son sommeil, il vit un jeune homme d'une beauté éclatante et dont les vêtements étincelaient d'une vive lumière.

Il lui sembla que ce personnage mystérieux leur jetait à tous deux une ceinture de pourpre en leur disant : Suivez-moi promptement. L'événement prouva bientôt que c'était un avertissement du ciel. Arrêtés comme chrétiens, Marien et Jacques montrèrent un attachement inviolable à leur foi. On les soumit aux plus affreuses tortures. Marien fut suspendu par les deux pouces de la main, pendant qu'un poids énorme était attaché à ses pieds. Cette position lui fit endurer d'inexprimables souffrances. Ramené en prison, Marien tomba dans un profond assoupissement, pendant lequel il eut la vision suivante : il voyait un tribunal élevé, où l'on arrivait par plusieurs degrés. Une voix appelait Marien et l'invitait à monter les degrés du tribunal. Le martyr Cyprien, assis à la droite du Juge, lui tendait la main et lui disait en souriant : *Venez et asseyez-vous près de moi.* Puis une foule de confesseurs comparaissaient devant le Juge. L'audience terminée, le Juge, se levant, les conduisait tous dans son prétoire. On s'arrêtait près d'une fontaine ; Cyprien, avec un vase qui se trouvait sur le bord de la source, puisait de l'eau, en offrait à Marien, qui en buvait.

Marien, en ce moment, remerciait Dieu, mais, dans l'effort qu'il fit, il se réveilla, excité par sa propre voix.

C'est ainsi que Dieu sut consoler et fortifier ses

athlètes. Jacques fut encore favorisé d'une vision qui prédisait encore plus clairement que le jour de leur triomphe était proche.

Pendant son sommeil, Jacques crut voir comme un banquet, où il courait s'asseoir avec Marien. Mais un enfant, qu'il reconnut pour avoir été martyrisé trois jours auparavant, leur disait : « Ne vous hâtez pas tant. Demain vous prendrez part au banquet. »

Effectivement, le lendemain tous les chrétiens furent mis à mort.

La mère de Marien assistait au supplice de son fils. Elle prit dans ses bras le corps de cette chère victime ; elle en baisa respectueusement les plaies en se réjouissant à haute voix d'avoir pour enfant un martyr. Les assistants ne pouvaient assez admirer des sentiments si généreux.

On peut lire, près de Constantine, sur le bord du Rhumel, une inscription remarquable, gravée sur le rocher, qui rappelle le martyre de Marien, de Jacques et de leurs compagnons.

St Agape et ses compagnons, martyrs.

L'AN 258, sous le règne de Valérien, la persécution s'étendit avec violence jusque dans la Numidie. Les païens s'acharnaient même contre les confesseurs qu'on avait déjà condamnés à l'exil.

Parmi ceux qu'on rappela pour leur faire subir un deuxième jugement, en compte Agape et Secondin, tous deux évêques, d'une sainteté et d'un zèle pastoral remarquables.

D'abord on les relégua dans une localité nommée Mugnes, à peu de distance de Cirtha. Là les deux évêques fortifièrent, par leurs exhortations, la foi des fidèles et communiquèrent à Jacques et à Marien une ardeur incroyable pour le martyre.

Bientôt une populace furieuse se rua sur l'endroit où étaient réunis les chrétiens. Elle les traîna de Mugnes dans la ville de Cirtha. Après de nombreux interrogatoires, les confesseurs furent soumis à la torture, jetés en prison, puis finalement mis à mort.

Apape, avant son supplice, avait demandé à Dieu la grâce du martyre pour deux jeunes filles auxquelles il portait un intérêt paternel. Il lui avait été répondu intérieurement : Pourquoi de-

4

mandes-tu avec tant d'insistance une faveur qu'une seule supplication a obtenue ?

En effet, les deux jeunes personnes étaient, peu de temps après, martyrisées avec leur mère.

En même temps qu'Agape et Secondin, on mit à mort le soldat Émilien, qui, jusqu'à l'âge de cinquante ans, avait gardé intacte la fleur de la chasteté. Dieu avait daigné le favoriser d'une vision céleste où son triomphe prochain lui était annoncé.

Sainte Monique, veuve,
Patronne du diocèse de Constantine.

4 mai.

ONIQUE naquit à Thagaste, en Numidie, de parents pieux et d'une condition honorable. Élevée avec le plus grand soin, elle devint bientôt un modèle de vertu. Lorsqu'elle fut en âge d'être mariée, ses parents l'unirent à Patrice, qui appartenait à une famille distinguée de Thagaste. Patrice était encore païen et d'un caractère violent.

De plus, ses mœurs étaient déplorables. Monique eut beaucoup à souffrir de l'humeur difficile de son mari, qui, cependant, la chérissait avec tendresse. Aux injures les plus grossières, elle ne répondait que par la douceur et le calme. Plusieurs fois Patrice, emporté par la colère, leva la main pour la frapper ; mais Monique mettait tant de douceur et de soumission dans sa voix et dans ses paroles, que Patrice, honteux de ses violences, se calmait et tâchait de lui faire oublier ses emportements par un redoublement de tendresse.

Elle eut encore à subir bien des épreuves dans la famille de son mari. La jalousie des servantes avait indisposé contre elle sa belle-mère : celle-ci n'eut pas tout d'abord pour sa belle-fille tous les égards que méritait sa grande vertu. Mais Monique sut si bien gagner ses bonnes grâces par ses manières respectueuses et prévenantes, que cette femme finit par lui vouer un attachement qui ne se démentit plus.

Monique avait demandé à Dieu avec larmes la conversion de son époux. Ses prières ardentes, jointes au spectacle d'une sainteté persévérante, obtinrent cette grâce du ciel. Patrice tomba dangereusement malade et demanda le baptême. Il mourut, laissant à sa veuve désolée la suprême consolation d'avoir gagné son âme à Dieu.

Monique avait eu trois enfants de son mariage avec Patrice. Augustin, qui devint plus tard le grand évêque d'Hippone, était l'aîné des trois. Monique se consacra, avec le plus grand soin, à son éducation. Mais l'âge des passions entraîna bientôt Augustin bien loin de cette piété que sa pieuse mère avait tâché de lui inspirer. Il tomba même dans les grossières erreurs du manichéisme. Monique redoubla de prières et d'austérités pour sauver l'âme de son enfant.

On connaît le mot prophétique d'un évêque que Monique consultait sur la conduite à tenir envers ce cher fils : « *Il est impossible que le fils de tant de larmes périsse.* » Augustin s'étant rendu à Rome, puis à Milan, Monique n'hésita pas à traverser la mer pour le rejoindre.

Ambroise gouvernait alors l'Église de Milan. Le saint évêque distingua bientôt la haute piété de la noble femme.

Augustin, que sa mère avait mis en rapport avec saint Ambroise, n'avait jamais pu le visiter sans que celui-ci lui fît l'éloge le plus chaleureux de sa mère. Enfin les larmes de Monique furent entendues du ciel. Augustin, converti au milieu de circonstances miraculeuses, se prépara au baptême, qu'il reçut des mains de saint Ambroise.

Monique, au comble de la joie, se disposait à retourner en Afrique avec son cher Augustin. Ils s'étaient tous deux rendus à Ostie, attendant que vent fût favorable à la navigation.

Nous empruntons la fin de ce récit à l'admirable *Vie de sainte Monique* par M. l'abbé Bougaud, dont on ne saurait trop conseiller la lecture aux mères chrétiennes :

« Un jour, Monique et Augustin étaient assis près d'une fenêtre, la main dans la main, le cœur en haut. Ils contemplaient tour à tour la terre, la mer, les astres, toutes les choses créées, et, les trouvant passagères et trop petites, ils montaient ensemble, loin de la triste vallée, dans la région de l'impérissable beauté et de l'éternel amour.

« Mon fils, dit Monique en achevant cet entretien, plus rien maintenant ne me retient sur la terre. Je ne sais plus ce que j'ai à y faire ni pourquoi j'y suis encore, puisque j'ai réalisé toutes mes espérances. Il était une seule chose pour laquelle je désirais un peu vivre : c'était de vous voir chrétien et catholique ava·.·.·.·. mort. Dieu a fait bien plus, puisque je vous ·oi· mépriser toute félicité terrestre pour le servir. Que fais-je donc ici davantage? »

»....Cinq jours après cet entretien, sainte Monique fut prise d'un accès de fièvre qui l'obligea de se mettre au lit. On crut d'abord que ce n'était qu'un peu de fatigue occasionnée par le long voyage qu'elle venait de faire. Monique ne s'y trompa point. Elle comprit que c'était l'Époux qui l'appelait, et elle ne pensa plus qu'à se préparer à sa venue.

» Elle eut un ravissement, une de ces douces et fortes extases qui enlèvent l'âme à elle-même, en laissant le corps immobile et évanoui. On la crut morte. On s'empressa autour d'elle. On s'agitait et on cherchait des remèdes pour la rappeler à la vie, lorsqu'elle ouvrit doucement les yeux : « Où étais-je ? » dit-elle étonnée ; et, pour révéler en un mot de quelles hautes régions elle descendait et ce qu'elle y avait appris : « Vous enterrerez ici votre mère. » A ce mot, prononcé d'un ton qui ne laissait place à aucun doute, Augustin sentit les larmes monter à flots de son cœur, mais il eut la force de les retenir. Navigius, son autre fils, plus faible, éclata : « Mourir, et ici encore !... Ah ! si c'était du moins dans la patrie ! » Monique l'entendit et lui envoya des yeux un doux reproche. Puis, s'adressant à Augustin, comme au plus fort : « Tu entends ce qu'il dit ? » Et, les regardant tous les deux afin de ne laisser aucun doute sur ses dernières volontés : « Vous enterrerez mon corps où vous voudrez. Ne vous en mettez pas en peine. Peu m'importe. Ce que je vous demande, c'est de vous souvenir de moi à l'autel du Seigneur, et en quelque lieu que vous soyez. »

» On dit qu'au dernier moment, comme elle demandait avec instance l'Eucharistie, qu'on croyait devoir lui refuser à cause de ses souffrances d'estomac, on vit entrer dans sa chambre un petit enfant. Il s'approcha du lit de la sainte, la baisa sur la poitrine, et aussitôt, comme s'il l'eût appelée, elle inclina la tête et rendit le dernier soupir, à l'âge de cinquante-six ans. »

Saint Augustin, dans ses ouvrages et ses sermons, parle souvent de sa digne mère en termes émus.

Dans le livre de ses *Confessions*, il a consacré à Monique des pages admirables et qui mettent en relief la belle physionomie de cette femme incomparable.

St Possidius, évêque de Calame (Guelma).

16 mai.

POSSIDIUS, célèbre par son intimité avec le grand évêque d'Hippone, embrassa la vie religieuse dans un monastère fondé par saint Augustin.

Il partagea son temps entre les exercices de piété et l'étude des saintes Écritures. Migale, évêque de Calame, étant mort, Possidius fut choisi pour le remplacer. A l'exemple de son illustre ami Augustin, Possidius fut un zélé propagateur de la vie monastique.

L'Église d'Afrique était alors divisée par le schisme des donatistes.

Possidius provoqua Crispin, évêque donatiste, à des discussions publiques. L'hérétique n'osa les affronter et, au lieu d'arguments, employa les violences. Un jour que Possidius faisait la visite de son diocèse, un autre Crispin, prêtre de la secte, l'assaillit à la tête d'une troupe d'hommes armés. Possidius se réfugia dans une maison voisine. Le donatiste, ivre de colère, enfonce les portes de la maison, saisit Possidius, le crible de coups et le laisse à demi-mort.

Cependant saint Augustin ne cessait de presser Crispin d'accepter une conférence publique ; elle eut lieu au milieu d'un concours énorme de peuple. Le triomphe de Possidius fut complet. Son adversaire, accablé par la force de ses arguments, ne répondit que par un honteux silence.

Le proconsul de Carthage voulait condamner Crispin à une forte amende, comme ayant été convaincu d'hérésie. Possidius supplia le magistrat de n'en rien faire, montrant, par cette modération dans la victoire, que sa grandeur d'âme égalait sa science profonde des Écritures.

Les païens de Calame se disposaient à célébrer les fêtes de Flore. Possidius s'efforça d'empêcher ces jeux superstitieux. Le peuple irrité s'ameuta et, dans un mouvement de fureur, attaqua l'église des catholiques à coups de pierres, cherchant même à la détruire par les flammes.

Possidius se rendit à Ravenne, auprès de l'empereur Honorius, pour implorer sa protection contre les violences des païens. Plus tard, il fit un second voyage en Italie pour porter au même empereur les plaintes des évêques africains contre les vexations des donatistes. Pendant son séjour en Italie, l'évêque de Calame assista au Concile de Milan, où il anathématisa l'hérésie naissante de Pélage.

Possidius jouissait en Afrique d'une telle réputation de science, qu'il fut choisi avec Augustin et Alype pour soutenir une discussion publique contre sept évêques donatistes. Cette conférence, où brilla le génie d'Augustin, est restée célèbre dans l'histoire de l'Église d'Afrique.

Lorsque les Vandales envahirent la Numidie, Possidius se réfugia dans la ville d'Hippone, auprès de saint Augustin. Bientôt après il eut la douleur de fermer les yeux de son illustre ami. Après la mort de l'évêque d'Hippone, Possidius se retira en Italie, où il termina sa sainte vie dans les sentiments de la plus grande piété.

Sainte Restituta, vierge et martyre.

17 mai.

LA vierge Restituta était née à Ponizare, en Afrique. Issue d'une des plus illustres familles du pays, elle se fit remarquer par une piété qui égalait la noblesse de son origine. Elle fut dénoncée comme chrétienne au préfet Proculus

Celui-ci employa en vain les caresses et les menaces pour l'engager à renier sa foi.

Restituta déclara, avec une fermeté indompta-
ble, qu'elle aimait mieux mourir que de perdre sa
virginité ou de renoncer à Jésus-Christ. Le juge,
outré de colère, la fit étendre sur un chevalet ; puis
on la suspendit par les cheveux, les pieds étant
fixés avec un énorme clou. Mais le préfet n'en fut
pas plus avancé. Dans son ignorance de la force
que peut communiquer la grâce divine, il attribua
l'énergie surhumaine de Restituta à l'art de la
magie, et, pour en finir, il la condamna au supplice
du feu. On la lia étroitement, puis on la plaça sur
une barque qu'on avait chargée de branches sèches,
de poix et de résine. On y mit le feu à une cer-
taine distance du rivage. Mais Dieu protégeait sa
martyre : Restituta ne sentit aucune atteinte des
flammes ; au contraire, ceux qui les avaient allu-
mées en furent consumés, et le bateau qui les
portait coula au fond de la mer. Dieu alors daigna
rappeler à lui Restituta, emportant au ciel la double couronne de la virginité et du martyre.

La barque portant son corps se dirigea d'elle-
même, sans rames et sans voiles, vers l'île d'Énare,
où elle aborda heureusement.

Une pieuse femme, qui habitait dans cette île,
fut avertie en songe de l'arrivée miraculeuse de la
barque et du pieux fardeau qu'elle portait. Elle se
réveilla et courut en toute hâte au rivage pour en-

sevelir le corps de la vierge. En effet, elle trouva là cette précieuse relique reposant dans la petite embarcation et, au milieu d'un concours de peuple considérable que cette nouvelle avait attiré de toutes les parties de l'île, Lucine rendit les derniers honneurs à la dépouille de Restituta. On était alors sous le règne de Valérien.

Plus tard, Constantin le Grand, ayant appris cette merveilleuse histoire, fit transporter avec pompe les saintes reliques à Naples, où l'on bâtit une église en son honneur. L'Église de Carthage conserva toujours un glorieux souvenir de sainte Restituta.

Sainte Julie.

22 mai.

GENSÉRIC, à la tête de ses Vandales, avais mis le nord de l'Afrique à feu et à sang. Maître de Carthage, il livra cette ville célèbre au pillage, fit mettre à mort la moitié de ses habitants, réservant le reste pour en faire des esclaves. Au nombre de ces derniers se trouvait la vierge Julie, achetée comme esclave par un certain Syrien nommé Eusèbe. Julie accepta son sort avec résignation, et servit son maître avec une fidélité merveilleuse. Elle se rappelait les instructions que St Paul donnait aux serviteurs ; elle s'appliqua à les mettre en pratique. Son maître, touché des vertus de sa servante, conçut une haute idée de la religion qui les inspirait. Dès lors il la traita moins comme son esclave que comme sa propre fille. Julie consacrait aux prières et aux macérations le temps que lui laissait le service de son maître. Eusèbe s'aperçut que la santé de la jeune esclave dépérissait. Il la pria de modérer ses austérités. Julie ne tint aucun compte de cet avertissement paternel. Plus son maître se montrait indulgent pour elle, plus elle se livrait aux rudes exercices de la pénitence. Elle se préparait ainsi sans le savoir à supporter un jour le martyre.

Eusèbe, étant parti de Syrie pour se rendre dans les Gaules, aborda en chemin dans l'île de Corse. Les insulaires, encore païens, célébraient en ce moment des fêtes en l'honneur de leurs divinités. Eusèbe descendit à terre pour y prendre part. Félix, notable de l'endroit, l'invita au festin. Pendant le repas, on vint dire à Félix que, sur le vaisseau récemment arrivé, se trouvait une chrétienne qui avait témoigné le plus grand mépris pour les idoles. Félix s'irrita contre son hôte et lui reprocha amèrement de n'avoir pas mis à mort depuis longtemps cette esclave. Eusèbe s'excusa en disant qu'il n'avait jamais pu réussir à la convaincre, que du reste il appréciait fort ses services, car elle était aussi adroite que fidèle. Félix résolut de la faire mourir à l'insu de son maître. Pendant qu'Eusèbe, appesanti par le vin, était plongé dans un profond sommeil, Félix donna ordre de lui amener Julie, et quand celle-ci fut arrivée en sa présence, il lui dit de choisir entre la mort ou l'apostasie. Sur le refus de Julie de sacrifier aux dieux, Félix la fit dépouiller de ses vêtements, frapper avec des verges, et enfin mettre en croix. Julie, suspendue à la croix, rendit grâces à Dieu, qui l'avait jugée digne de mourir de la même mort que Lui-même.

Elle mourut, réunissant sur sa tête la double couronne de la virginité et du martyre.

St Optat, évêque de Milève
(aujourd'hui Milah).

~~~~~~~ 4 juin. ~~~~~~~

AU 4ème siècle, à Milève en Numidie, florissait Optat, évêque de cette ville. Nous n'avons aucun détail sur sa vie, mais les ouvrages qu'il nous a laissés témoignent de sa science, de son zèle et de sa piété. Vers l'an 370, Optat écrivit six livres contre Parménion, sous le pontificat de Damase. Il vécut jusqu'au pontificat du pape Sirice, sous le règne de Théodose.

Les chrétiens d'Afrique ont toujours conservé

un profond souvenir de cet illustre évêque. St Augustin ne craint pas de le comparer au grand Ambroise. St Fulgence invoque dans ses écrits l'autorité d'Optat à l'égal de celle des Augustin et des Ambroise. Le Martyrologe romain en fait mention en ces termes: Aujourd'hui, à Milève en Numidie, fête de saint Optat, remarquable par sa science et sa sainteté.

St Eugène, évêque de Carthage, et ses compagnons, martyrs. ◇ ◇ ◇ ◇

13 juillet.

L'ÉGLISE de Carthage était restée veuve de son pasteur pendant vingt-quatre ans. Enfin Hunéric, à la demande de l'empereur Zénon et de Placidie, permit à cette église désolée de se choisir un évêque. Eugène, prêtre distingué du clergé de Carthage, fut élu aux applaudissements des fidèles. Le nouvel évêque remplit ses devoirs de pasteur avec un tel succès que les hérétiques eux-mêmes ne purent s'empêcher de lui témoigner une profonde vénération. Cette popularité excita la jalousie des évêques ariens, et en particulier de Cyrille leur patriarche. Ils répandirent les plus odieuses calomnies contre le saint évêque et mi-

rent tout en œuvre pour le perdre. La huitième
année du règne d'Hunéric, Eugène avait réuni
autour de lui tous les évêques d'Afrique pour traiter les affaires de l'Église. Tout à coup, par suite
des intrigues des évêques dissidents, le roi lui fit
signifier un décret de bannissement. Eugène par-
tit en exil; là il rencontra un évêque arien nommé
Antoine, qui prit à tâche de lui faire subir mille
avanies; il avait même la pensée de le faire mourir à force de mauvais traitements. Mais Gonta-
mond, successeur d'Hunéric, rappela de l'exil
l'évêque de Carthage et, à la requête de celui-ci,
permit qu'on rouvrît les églises avec toute liberté
aux prêtres catholiques d'y exercer leurs saintes
fonctions. Pendant quelque temps, Eugène put
gouverner son église en paix. Mais plus tard, Trasimond monta sur le trône, et y apporta un fana-
tisme outré en faveur des erreurs ariennes.

On fit rechercher activement les catholiques.
Eugène fut arrêté dans un faubourg de Carthage.
Il n'eut même pas le temps d'adresser de vive voix
ses adieux aux fidèles. Privé de cette consolation,
il leur adressa une lettre éloquente sur les devoirs
des catholiques envers la foi, en temps de persécution. Introduit en présence du roi, il défendit avec
énergie la foi catholique et réfuta victorieusement
les objections que les évêques ariens opposaient
au vénérable mystère de la Sainte Trinité. Dieu
daigna honorer son serviteur du don des miracles.

Ces discussions, appuyées par des prodiges, opéraient de nombreuses conversions parmi les hérétiques. Pour en arrêter le mouvement, le roi fit d'abord torturer avec barbarie Eugène et de nombreux catholiques, arrêtés en même temps que le saint évêque et pour la même cause. Puis il les condamna à mort.

Eugène avait pour compagnons de captivité deux évêques illustres par leur science et leur piété, Vindemialis et Longin. Ceux-ci furent décapités par ordre du roi. Quant à Eugène pour empêcher les fidèles de l'honorer comme martyr, il fut relégué dans les Gaules. Il se réfugia dans Albi, près du tombeau du saint martyr Amarand, où il mourut plein de mérites.

Son corps fut d'abord déposé dans la crypte du saint martyr. Plus tard, Louis d'Amboise, évêque d'Albi, fit transférer les reliques de St Eugène dans la cathédrale de cette ville, dédiée à Ste Cécile, où on les honore encore aujourd'hui.

St Spérat et ses compagnons, martyrs.

L'AN 200 de l'ère chrétienne, Vigellius Saturnin, proconsul de la province romaine d'Afrique, après la célébration des jeux publics, couronna les fêtes par le supplice des chrétiens. Douze confesseurs attendaient en prison le jour de leur martyre ; six d'entre eux avaient été déjà interrogés et, sans se laisser épouvanter par la perspective des tortures, avaient courageusement confessé la foi. Plus tard, les six autres comparurent devant le tribunal. C'étaient Spérat, Narzal, Cithin, Donata, Secunda et Vestine. Comme toujours le proconsul les engagea vivement à sacrifier aux dieux, disant que c'était l'unique moyen d'attirer sur eux la clémence des empereurs. Spérat, à qui ses compagnons témoignaient beaucoup de déférence, prit la parole au nom de tous et dit qu'ils étaient innocents, que si le proconsul voulait l'écouter, il justifierait la religion chrétienne de tous les reproches que l'ignorance des païens lui adressait. Quant au génie de l'empereur, disait-il en terminant, je ne sais ce que c'est. Pour nous, nous ne connaissons qu'un seul Dieu, qui est Roi des rois et Maître des nations. Le proconsul n'en voulut pas entendre davantage et, se tournant vers les autres, il tâcha d'ébranler leur fidélité. Cithin prit la parole à son tour : « Nous ne craignons qu'un

5

seul Dieu, qui habite dans le Ciel. » Tous les autres l'approuvèrent. Le proconsul comprit que ses efforts étaient inutiles. Il ordonna de les reconduire en prison. Quelques jours après, on les ramena devant le tribunal ; le proconsul essaya d'abord de séduire les femmes. « Honorez notre empereur et sacrifiez aux dieux. » Donata répondit: « Nous honorons César, mais nous n'adorons que Dieu. » Vestine se leva et ajouta : « Je crains mon Dieu et je veux lui être fidèle. Quant à vos dieux, nous ne les servons pas et nous ne les adorons pas. » Le proconsul fit éloigner les courageuses chrétiennes, les réservant pour le supplice. Il ne fut pas plus heureux avec les hommes. Alors il leur donna trois jours pour réfléchir et, s'adressant en particulier à Spérat, il lui dit : « Persistes-tu à te déclarer chrétien? » Spérat de répondre aussitôt: « Ma persévérance, je la dois à la grâce et non à mes propres forces. Écoutez-moi tous: je suis chrétien.» Tous ses compagnons répétèrent à l'envi: « Nous aussi nous sommes chrétiens. » Saturnin leur demanda: « Quels sont donc ces livres que vous lisez avec tant de respect?» Ils répondirent: «Les quatre Évangiles, les Lettres de St Paul et toute Écriture divinement inspirée.» Une profession de foi si nette leur attira la peine capitale. Les confesseurs écoutèrent la lecture de la sentence avec des transports de joie ; conduits au lieu du supplice, ils reçurent à genoux le coup mortel.

Les saintes martyres Maxima, Donatilla et Seconda.

30 juillet

VERS l'an 304, sous le proconsulat d'Anulin, trois vierges, nommées Maxima, Donatilla et Seconda, souffrirent le martyre dans la ville de Tuburbe en Afrique. Après un premier interrogatoire, on les enferma dans une prison avec défense expresse de leur apporter de la nourriture. Pour les désaltérer, on ne leur donnait que du fiel et du vinaigre. Malgré l'extrême faiblesse où ces odieux traitements les avait réduites, on les obligeait à faire de longues marches. On les fit passer un jour devant une maison habitée par une jeune fille nommée Seconda, qui, pour conserver intacte la virginité qu'elle avait vouée à Dieu, avait refusé plusieurs partis honorables.

Du haut de sa terrasse, elle aperçut Maxima et Donatilla qu'on traînait sans pitié. Le spectacle de cette grande foi lui inspira un désir ardent de mériter elle-même la grâce du martyre. Elle leur cria: « Ne me laissez pas, je veux aller avec vous. » Et sur le champ, abandonnant biens et parents, elle les suivit jusque dans la ville de Tuburbe.

Quelques jours après, le proconsul fit comparaître Maxima et Donatilla. On les flagella cruel-

lement, puis on les soumit aux tortures du chevalet. Par un raffinement de barbarie, on les faisait boire de temps en temps pour les ranimer.
On les coucha ensuite sur des charbons ardents ;
on en recouvrit même leurs têtes. Enfin on les
déposa sur la porte d'un temple, afin que tous
ceux qui y entraient les foulassent aux pieds.

Pendant ce temps, on vint dire au proconsul
qu'une autre jeune fille, nommée Seconda, ne
quittait pas les deux chrétiennes. Anulin la fit
introduire en sa présence et lui dit : « Toi aussi tu
es chrétienne ? — Je le suis, » répondit Seconda.
Anulin, furieux, la condamna incontinent à être
exposée aux bêtes en compagnie de Maxima et
de Donatilla. En effet, les trois vierges furent con-
duites à l'amphithéâtre, et là elles se donnèrent
mutuellement le baiser de paix. On lâcha contre
elles un ours de grande taille. Le féroce animal
s'approcha, mais, au lieu de déchirer les chrétiennes
il lécha doucement leurs pieds. Anulin, furieux
de voir que les bêtes fauves elles-mêmes lui don-
naient des leçons de douceur, fit trancher la tête
aux trois vierges.

St Alipe, évêque de Thagaste (Souk-Harras).

ALIPE naquit à Thagaste, d'une famille honorable, et se rendit célèbre par l'étroite amitié qui l'unissait à St Augustin. Augustin l'appelait *le frère de son cœur*. Alipe aimait dans Augustin la droiture et le génie. Augustin chérissait Alipe à cause de l'innocence de ses mœurs. Alipe suivit les leçons de son ami à Thagaste, puis à Carthage ; comme lui, il tomba dans l'hérésie manichéenne.

Plus tard, il se rendit à Rome et se livra à l'étude du droit. Il y fit des progrès si remarquables, qu'on le choisit en qualité d'assesseur de l'officier chargé de faire les distributions d'argent au peuple. Il apporta dans l'exercice de ses fonctions une grande intégrité et un désintéressement plus grand encore. Il en donna une preuve éclatante dans une rencontre. Un sénateur, très influent à Rome, éleva une prétention injuste. Alipe s'y opposa énergiquement ; on admira sa fermeté. On s'étonna qu'il ne redoutât pas de se faire un ennemi dangereux ou qu'il ne cherchât pas à se concilier un ami puissant. C'est la réflexion de St Augustin. Augustin étant venu à Rome, les liens de leur amitié se resserrèrent plus étroitement que jamais. Quand Augustin quitta

la capitale pour se rendre à Milan, Alipe l'y suivit, tourmenté des mêmes doutes que son ami sur
la religion.

Chaste dès son enfance, il avait essayé de détourner Augustin du mariage, en lui faisant observer
que les soins de la famille sont peu compatibles
avec l'étude de la philosophie. Il fut le seul témoin
de l'admirable conversion d'Augustin et se con-
vertit en même temps que lui. Ils se retirèrent
ensemble à la campagne et se préparèrent dans
la retraite, par la pratique des austérités, à recevoir le baptême. St Ambroise les baptisa tous deux
pendant les fêtes de Pâques.

De retour en Afrique, il embrassa la vie religieuse, à l'exemple d'Augustin, et fut peu après
honoré du sacerdoce. Il fit un voyage en Terre
Sainte et mit en relation St Jérôme et St Augustin, qui furent dès lors en correspondance, se
communiquant mutuellement leurs lumières et
leurs encouragements pour la défense de l'Église.

A son retour, on le créa évêque de Thagaste,
sa patrie. Il fut l'un des sept évêques catholiques
que l'on choisit pour discuter avec les hérétiques
dans la célèbre conférence de Carthage. Le pape
Zosime l'associa aux missions que le pontife avait
confiées à St Augustin pour régler des questions re-
ligieuses à Césarée en Mauritanie. Alipe fit surtout
paraître son zèle contre les pélagiens. Trois fois il
se rendit en Italie pour le même motif. A Rome le

pape Boniface le reçut avec honneur. Il lui remit des lettres écrites par des hérétiques, dans lesquelles la religion catholique, et Augustin en particulier, étaient traités avec la dernière grossièreté. Alipe les porta en Afrique, et St Augustin les réfuta victorieusement. St Jérôme, qui les avait lues, déclara que le zèle d'Alipe et le génie d'Augustin avaient écrasé l'hérésie.

Enfin, après un épiscopat de six ans, entièrement consacré aux œuvres de zèle, Alipe mourut plein de mérites, sous le règne de Théodose le jeune.

St Libérat et ses compagnons, martyrs.

PENDANT la cruelle persécution qu'Hunéric, roi des Vandales, fit souffrir aux catholiques, Libérat et sept autres compagnons soutinrent glorieusement le bon combat. Ils professaient la vie religieuse dans un monastère situé sur le territoire de Capsa. Ils en furent arrachés par l'ordre du roi et conduits à Carthage ; on employa les menaces et les promesses d'usage pour leur faire embrasser l'arianisme. Mais comme ils continuaient à témoigner une horreur profonde pour cette hérésie, on les jeta tout enchaînés dans un étroit cachot. Une foule de catholiques venaient les visiter dans la prison et les exhortaient à souffrir courageusement pour la foi. Hunéric l'apprit, et entra dans une grande fureur. Il soumit le saint à la torture, puis, faisant charger un bateau de bois sec, il ordonna d'y placer les prisonniers solidement garrottés. On les tira de prison et tous marchèrent joyeusement à la mort ; en traversant les rues de Carthage, ils chantaient des hymnes, répétant le Cantique céleste : « Gloire à Dieu au plus haut des cieux et paix sur la terre aux hommes de bonne volonté.» Un jeune enfant nommé Maxime se faisait surtout remarquer par son courage. On avait tenté tous les moyens pour le séduire. Jamais il ne consentit à se séparer de ses compagnons, ne voulant pas, disait-il, abandonner les saints religieux qui l'avaient élevé avec tant de soin. Cependant les huit confesseurs furent placés sur le bateau qu'on avait disposé pour les recevoir. A peu de distance du rivage, on essaya, mais en vain, d'y mettre le feu. On ne put jamais y réussir, quoique les matières qu'on y avait mises fussent très inflammables. Hunéric, rouge de honte et de colère, donna ordre aux rameurs de mettre à mort les catholiques, qui furent décapités. Le Tyran avait recommandé de jeter les corps en pleine mer, mais bientôt les flots déposèrent les huits corps sur le rivage à la vue d'une foule immense de spectateurs.

Des fidèles recueillirent pieusement les corps

et les ensevelirent honorablement à Carthage, dans le monastère de Bigue.

Saint Victor de Vite, évêque.

23 août.

VICTOR, évêque de Vite, dans la Byzacène, écrivit l'histoire de la persécution que les Vandales firent subir aux catholiques. Il n'était pas moins recommandable par ses talents que par ses vertus. Ses œuvres nous montrent un évêque pieux, zélé, charitable jusqu'à l'héroïsme envers les affligés, et particulièrement envers les victimes de la persécution. Hunéric avait relégué dans le désert une foule d'évêques et de prêtres. Victor les suivit volontairement, portant même sur ses épaules Félix, évêque d'Abbirite, dont les membres étaient paralysés.

Arrivés à Sicca, les confesseurs furent gardés en prison : on laissait aux fidèles la liberté de les visiter, et Victor dit même qu'il y célébra les saints mystères.

Bientôt on traita les catholiques prisonniers avec la dernière rigueur : on les enferma dans un cachot infect et obscur. Victor, pendant le sommeil des Vandales, donna une forte somme d'ar-

gent aux Maures chargés de la garde des prisonniers, et s'introduisit auprès d'eux, ayant, disait-il
lui-même, de la boue jusqu'aux genoux.

On reprit le chemin du désert, mais on ne permit pas à Victor de les suivre plus loin. Il revint
à Carthage, où il eut connaissance du décret qui
convoquait tous les évêques catholiques à une
conférence pour l'année suivante. Victor comprit
que c'était un piège. N'espérant aucune bonne
issue de cette assemblée, il s'abstint d'y paraître.

On ne sait plus rien de certain sur St Victor.
On croit qu'il fut relégué en Sicile, où il mourut.

Saint Augustin, évêque d'Hippone.[1]

28 août.

SAINT Augustin, le plus grand des évêques d'A-
frique et peut-être le génie le plus étonnant
qui ait brillé dans l'Église, naquit à Thagaste, en
Numidie. Ses parents appartenaient à une classe
honorable de la société. Dès son enfance, il se fit
remarquer par la vivacité de son intelligence. Mais
bientôt son extrême sensibilité, l'exemple de son
père, le milieu corrompu où il vivait, firent éclore
en lui les pires passions de l'homme. Il en vint à

(1) Voir à la fin du volume la biographie de saint Augustin par son
ami saint Possidius.

rejeter la religion de sa mère ; cette belle intelligence s'abaissa jusqu'à adopter les rêveries et les monstruosités du manichéisme. Cependant Augustin, malgré les errements de sa jeunesse, s'appliquait avec ardeur aux études littéraires et philosophiques. Il fut d'abord chargé de la chaire d'éloquence à Carthage, mais la mutinerie des écoliers le rebuta. Il vint à Rome, où il enseigna avec éclat l'art de l'orateur. Cependant son esprit si élevé ne pouvait se contenter des doctrines manichéennes. De Rome il se rendit à Milan, tourmenté par le doute, et se lia avec saint Ambroise, dont il goûtait l'éloquence.

La grâce de Dieu l'attendait là. Rien de plus émouvant que le récit de cette conversion miraculeuse racontée par Augustin lui-même, dans le livre de ses *Confessions*.

Un jour Pontinien, africain comme lui, était venu le voir, et la conversation avait roulé sur la vie admirable que menaient les solitaires dans le désert d'Égypte. Pontinien raconta la conversion de deux officiers de l'empereur, qui, se promenant avec lui à Trèves et ayant trouvé chez des moines la Vie de St Antoine, en furent tellement touchés qu'ils embrassèrent sur le champ la vie monastique. Tandis que Pontinien parlait, un violent combat se livrait dans l'âme d'Augustin. Il y avait douze ans que la lecture d'un livre philosophique de Cicéron l'avait excité à l'étude de la sagesse. Il avait cherché la vérité, il l'avait trouvée ; il ne lui manquait que de se déterminer. Ravi d'admiration pour tant de chrétiens généreux qu'on venait de lui faire connaître, il rougissait de ses désordres et de sa lâcheté. Il se faisait horreur à lui-même. Pontinien s'étant retiré, Augustin se lève et, s'adressant à Alipe, lui dit avec émotion, le visage tout changé et d'une voix étrange : Qu'est ceci ? Que faisons-nous ? Les ignorants viennent ravir le ciel, et nous, avec notre science, insensés que nous sommes, nous voilà plongés dans la chair et le sang ! Aurions-nous honte de les suivre ? N'est-il pas plus honteux de ne pouvoir les imiter ? Alipe le regardait sans rien dire, étonné de ce changement, et le suivit pas à pas dans le jardin où l'emporta le mouvement qui l'agitait. Ils s'assirent le plus loin qu'ils purent de la maison.

Augustin frémissait d'indignation et ne pouvait se résoudre à une conversion qui ne semblait dépendre que de sa volonté. Il s'arrachait les cheveux, il se frappait le front, il s'embrassait le genou, les mains jointes. Alipe ne le quittait pas et attendait en silence le résultat de cette agitation extraordinaire. Augustin, sentant que cet orage allait se résoudre en une pluie de larmes, se leva et s'éloigna un peu de son ami, cherchant un lieu plus solitaire pour y pleurer à son aise. Il alla se jeter sous un figuier où, ne se retenant plus, il versait des torrents de larmes et criait d'une voix déchirante : Jusques à quand, Seigneur, jusques à quand serez-vous irrité contre moi? Oubliez mes iniquités passées. Jusques à quand vous dirai-je demain, demain? Pourquoi pas aujourd'hui? Pourquoi ne mettrais-je pas à l'instant une fin à mes turpitudes ?

Au milieu de ces cris et de ces pleurs, il entendit sortir de la maison voisine comme la voix d'un enfant, qui répétait souvent : Prenez, lisez ! Soudain, il changea de visage, et se mit à penser en lui-même si les enfants avaient coutume de chanter dans leurs jeux quelque chose de semblable, et il ne se souvenait pas de l'avoir remarqué. Alors il arrêta le cours de ses larmes et se leva, sans pouvoir penser à autre chose sinon que Dieu lui commandait d'ouvrir les Épîtres de St Paul et de lire le premier passage qu'il trouverait ; car il avait appris que St Antoine avait été converti par une parole de l'Écriture, qu'il avait entendue par hasard. Il revint donc à l'endroit où Alipe était toujours assis, prit le livre, l'ouvrit et lut tout bas ces paroles, sur lesquelles il était tombé : Ne passez pas votre vie dans les festins et l'ivrognerie, ni dans la débauche et l'impureté, ni dans les querelles et la jalousie : mais révêtez-vous du Sr J.-C. et ne cherchez pas à contenter les convoitises de la chair. Il n'en lut pas davantage : toutes ses incertitudes étaient dissipées. Il ferma le livre et, après avoir marqué l'endroit où était le passage qu'il venait de lire, il se tourna vers Alipe, le visage serein, et lui raconta ce qui venait de lui arriver. Alipe voulut voir le passage: il le lut ainsi que ces paroles qui suivent : « Recevez avec charité celui qui est encore faible dans la foi, » et se les appliqua à lui-même. Ils rentrèrent tous deux et vinrent annoncer cette heureuse nouvelle à Monique, qui fut transportée de joie.

Augustin fut baptisé par St Ambroise. Quelque temps après, il revint en Afrique, et fonda un monastère où il vivait en commun avec ses amis, sous une règle dont il est l'auteur, et qui, dans la suite, fut imitée par tous les Ordres religieux.

Cependant le mérite de St Augustin attira l'attention de l'évêque d'Hippone, nommé Valère ; il fut successivement élevé au sacerdoce, et il fut chargé de la prédication, puis enfin à la dignité épiscopale. A la mort de Valère, il monta sur le siège d'Hippone. Augustin ne changea en rien sa manière de vivre. Sa nourriture était frugale, ses vêtements simples et tenant un juste milieu entre la négligence et la recherche. Sévère envers lui-même, il montrait aux pauvres une charité pleine de tendresse. Souvent il n'hésita pas à vendre les vases sacrés pour soulager la misère de son troupeau. Augustin était doué d'une facilité prodigieuse. En même temps qu'il nourrissait son peuple de la parole de Dieu, il luttait par ses écrits contre toutes les erreurs de son temps. Consulté de tous côtés, il répondait à tous avec autant de charité que d'éloquence.

Sur la fin de sa vie, les Vandales envahirent l'Afrique et vinrent mettre le siège devant Hippone. St Augustin, navré de tant de malheurs, tomba dangereusement malade et comprit que sa fin était proche. Sur son lit de douleur, il relisait assidûment les Psaumes pénitentiaux, disant que nul en ce monde ne doit sortir de la vie sans pénitence.

Enfin, il mourut entouré de ses frères, les yeux fixés au ciel, à l'âge de 76 ans, après trente-six ans d'épiscopat. Son corps fut transporté en Sardaigne, de là à Pavie, où ses précieuses reliques sont toujours honorées.

Saint Boniface, sainte Thècle et leurs douze enfants, martyrs.

30 août.

PENDANT que Maximien se déchaînait avec fureur contre les chrétiens, l'Afrique comptait de nombreux serviteurs de Jésus-Christ.

Parmi eux, on remarquait Boniface et Thècle

son épouse. Douze enfants étaient nés de leur union. Boniface et Thècle les élevèrent avec le plus grand soin et leur inspirèrent les sentiments les plus solides de piété. Thècle répétait souvent cette prière : « Jésus, Agneau sans tache, qui avez daigné, par votre naissance, sauver le monde perdu, faites miséricorde à nos enfants. Accordez-leur la grâce de n'adorer jamais d'autre Dieu que vous. » Instruits à une telle école, les douze fils de Boniface acquirent bientôt une sainteté éminente. Ils devinrent même des apôtres pleins de zèle dans le nord de l'Afrique. L'empereur en fut informé : il envoya Valérien avec une troupe de soldats pour s'emparer de ces courageux chrétiens. On les arrêta donc à Adrumète, leur patrie, et on les conduisit à Carthage. Valérien les fit comparaître devant son tribunal et les menaça des plus cruels supplices s'ils refusaient de sacrifier aux dieux. Donat, l'un d'eux, prit la parole : « Nous sommes les serviteurs de Jésus-Christ; si vous faites périr l'un d'entre nous, les autres n'en seront que plus hardis à confesser la foi chrétienne.

Le juge, irrité, les fit battre de verges et ramener dans la prison. Pendant la nuit suivante, la prison fut tout à coup éclairée d'une lumière si vive que l'œil pouvait à peine la soutenir. En même temps, un ange apparut aux saints et leur dit : « Jésus-Christ m'a envoyé pour briser vos liens. » En effet, leurs chaînes se trouvèrent à l'instant rompues.

Le bruit de ce prodige se répandit dans toute la ville et produisit une grande sensation. Valérien, craignant que le peuple ne se convertît en masse, fit entrer les confesseurs enchaînés dans un navire. Il s'y embarqua lui-même avec ses soldats, et passa en Italie. Dix d'entre les fils de Boniface furent dispersés dans diverses localités, où ils consommèrent leur martyre.

Cependant Valérien continua sa route jusqu'à Sentianum avec les deux survivants, Donat et Félix, que le martyre de leurs frères animait d'une ardeur incroyable pour la souffrance. Valérien leur dit: «Sacrifiez aux dieux, si vous ne voulez partager le sort de vos frères.» Mais Donat et Félix répondirent: «Nous sommes chrétiens, faites de nous ce qu'il vous plaira. » On leur fait subir d'abord les tortures du chevalet, puis on les ramène à demi-morts en prison. Le lendemain on leur tranchait la tête.

Plus tard, Arechis, roi des Lombards, fit recueillir les douze corps et les ensevelit avec honneur à Ravenne, dans l'église dédiée à sainte Sophie. Ainsi les douze martyrs, nés de la même mère, nourris dans la même foi, morts pour la même cause, reposent ensemble dans le même tombeau, pendant que leurs âmes partagent dans le ciel la même couronne.

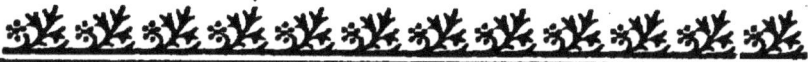

CYPRIEN, né en Afrique, y enseigna d'abord la rhétorique. Converti par le prêtre Cécilien, son premier soin fut de distribuer tous ses biens aux pauvres. Son génie supérieur et ses vertus le firent bientôt élever au sacerdoce, puis à l'épiscopat.

Cyprien, monté sur le siège de Carthage, y remplit les fonctions de pasteur avec un tel éclat, que l'Église de Carthage en a reçu une célébrité qui n'a fait que croître avec les siècles. La persécution dont Valérien fut l'auteur, après s'être assoupie, reprit avec une violence inouïe. Cyprien, qu'on avait envoyé une première fois en exil à Curube, en fut rappelé pour rendre raison de sa foi. Rien de plus célèbre que le dialogue qui s'établit entre le proconsul Galère Maxime et l'évêque de Carthage: « C'est toi qui es ce Cyprien que les chrétiens appellent leur père? Cyprien répondit : C'est moi. — Les empereurs t'ordonnent de sacrifier. — Je ne le ferai jamais. — Réfléchis bien, ajoute le proconsul. — Dans une chose si juste, il n'est pas besoin de réflexion,» répond l'évêque.

Maxime consulta son conseil, puis il écrivit et lut tout haut cette sentence. « Nous condamnons Thascius Cyprien à avoir la tête tranchée.» Cyprien ajouta simplement : « Que Dieu en soit loué! » On conduisit immédiatement Cyprien au supplice. Dès qu'il fut arrivé au lieu désigné, il se dépouilla lui-même de ses habits, ploya le genou et pria avec ferveur. Puis il ôta sa dalmatique et la remit à ses diacres. L'exécuteur arrive : Cyprien lui fait re-mettre 25 pièces d'argent. L'évêque voulut se cou-vrir lui-même les yeux avec le bandeau, mais, ne pouvant y parvenir, un prêtre, nommé Julien, et un autre Julien, sous-diacre, lui rendirent ce der-nier service.

Les fidèles avaient eu soin de disposer des linges blancs autour de leur pasteur pour recevoir son sang. Enfin l'exécuteur lui trancha la tête. Tous les assistants étaient émerveillés de cette scène à la fois simple et sublime : Cyprien s'était montré grand jusqu'à la fin.

Le corps fut laissé sur place jusqu'à la nuit. Les païens vinrent en foule contempler les traits de cet homme énergique. Pendant la nuit les fidèles vinrent le prendre, et à la lueur des flambeaux le portèrent en triomphe et le déposèrent dans un champ sur la route de Mappale, où l'on bâtit une basilique en son honneur.

Saint Félix, saint Cyprien et leurs compagnons, martyrs.

12 octobre.

L'AN 482, sous le roi Hunéric, plus de quatre mille catholiques de tout rang, évêques, prêtres, fidèles d'Afrique, furent condamnés à l'exil.

Les Maures, qui avaient été chargés de les conduire au désert, les traitèrent avec la dernière barbarie. On les obligeait de courir à coups de lances et de pierres. Quelques-uns avaient été garrottés, et on les traînait à travers les aspérités du chemin, comme des cadavres. Beaucoup ne purent résister à ces odieux traitements et moururent en route. Les Actes donnent quelques détails sur deux célèbres évêques, Félix et Cyprien. Félix était évêque d'Abbirite. Il gouvernait cette Église depuis quarante ans et était parvenu à une vieillesse extrême De plus, perclus de tous ses membres, il lui était impossible de faire aucun mouvement, à peine pouvait-il articuler une parole. Son état ne permettant pas de le placer sur une bête de somme, on vit alors ses collègues de l'épiscopat le charger à tour de rôle sur leurs épaules.

Cyprien, évêque d'Unizibire, se fit remarquer par sa charité envers les évêques et les prêtres exilés. Le récit de leurs souffrances lui arrachait des larmes abondantes. Pour les soulager, il vendit tout ce qu'il possédait. Il eût voulu partager leurs tortures. Dieu l'exauça. Envoyé en exil, il y périt de privations et de souffrances.

Sainte Maxima, saints Martinien, Saturnien et leurs compagnons, martyrs.

16 octobre.

ON était sous le règne de Genséric, si fatal aux catholiques de l'Église africaine. La vierge Maxima, Martinien et d'autres remportèrent un glorieux triomphe sur l'impiété arienne. Maxima et Martinien étaient tous deux au service d'un certain Vandale. Celui-ci, satisfait de sa servante, et appréciant fort Martinien, qui était habile à fabriquer des armes, résolut de les marier, pensant les attacher ainsi à sa maison. Martinien n'était pas opposé à ce dessein. Mais le jour des noces, Maxima, qui avait fait vœu de chasteté, fit à Martinien une exhortation si pressante sur les avantages de la virginité qu'il résolut de se donner tout à Dieu, renonçant à toute idée de mariage. Ils parlèrent de leur projet à leurs compagnons de servitude. Tous résolurent de les imiter. Une nuit, ils s'enfuirent de la maison de leur maître et se réfugièrent dans un monastère de Trabace, alors placé sous la direction d'André, religieux d'une éminente sainteté. Quant à Maxima, elle se retira dans un monastère de femmes, situé non loin de là.

Le maître, furieux de la fuite de ses esclaves, les fit rechercher activement et ne tarda pas à découvrir leur retraite. Il les arrache violemment des monastères et les reconduit chez lui chargés de chaînes. Genséric, qu'on avait informé de ce qui s'était passé, recommanda expressément au maître de torturer ses esclaves jusqu'à ce qu'ils embrassassent leurs erreurs. On taille en forme de scies des branches de chêne ; on en frappe les catholiques avec une telle violence que leurs os en sont brisés et leurs entrailles mises à nu.

Maxima avait été enfermée dans une étroite prison ; on plaça ses pieds dans un instrument destiné à écarteler la victime. Par une permission divine l'instrument se brisa. Plus tard on laissa Maxima sortir de prison, et elle mourut en paix dans un monastère, où elle s'était réfugiée.

Cependant la vengeance céleste ne tarda pas à s'appesantir sur la maison du Vandale qui faisait subir de si odieux traitements aux serviteurs de Jésus-Christ. Le Vandale meurt subitement, puis coup sur coup tous ses fils le suivent dans le tombeau. Son épouse, effrayée de ces morts subites, se hâta de donner les esclaves catholiques à un parent du roi. Mais à peine avaient-ils franchi le seuil de la porte de leur nouveau maître que tous les enfants et les domestiques de celui-ci furent possédés du démon et cruellement tourmentés par l'esprit mauvais. A cette nouvelle, Genséric les renvoya tous à un certain roi maure, nommé Capsur. Celui-ci fit conduire les confesseurs dans l'extrême désert de Mauritanie. Les catholiques se mirent à évangéliser les peuples de ces contrées, et leur zèle eut un succès prodigieux. Ils envoyèrent même à Rome des députés pour demander des prêtres, qui vinssent administrer les sacrements et célébrer les saints Mystères.

Genséric apprit ces conversions et en fut outré. Il fit attacher les saints à des chars, qu'on lança à toute vitesse à travers les buissons et les rochers. Les corps des martyrs furent mis en lambeaux et ils rendirent ainsi leurs belles âmes à Dieu.

Saint Félix et ses compagnons, martyrs.

25 octobre.

PENDANT la persécution de Dioclétien et de Maximien, l'Afrique eut l'honneur de donner des martyrs à l'Église. De tous côtés, on détruisait les églises chrétiennes; on jetait au feu les Livres saints, on obligeait les chrétiens à brûler de l'encens en l'honneur des fausses divinités. Félix, évêque de Thibare, fut appelé des premiers à

combattre en athlète de Jésus-Christ. On lui de‑
manda de livrer les saintes Écritures; il s'y refusa
énergiquement, s'offrant même a être brûlé à la
place des Livres saints.

Cette réponse exaspéra l'officier qui l'avait arrêté.
Celui-ci envoya Félix au proconsul Anulin. On
employa tout, les tortures, la prison, la faim : rien
ne put ébranler le courage de l'évêque.

Le proconsul se décida à l'en.. .r à l'empe‑
reur lui-même. On le place sur un navire. .a traver‑
sée dura quatre jours; pendant tout ce temps, on
laissa Félix sans boire ni manger. Le navire abor‑
da en Sicile; de là le saint fut conduit de ville en
ville à Venuse, où on le condamna à mort. Félix
reçut en priant le coup mortel. On raconte que,
pendant la nuit qui suivit l'exécution, la lune se
couvrit comme d'un voile sanglant.

En même temps que le saint évêque, deux
prêtres, Adauctus et Janvier, et deux lecteurs,
Fortunat et Septime, furent martyrisés, après
avoir partagé la captivité et les souffrances de
leur évêque.

St Quod-vult-Deus, évêque de Carthage.

26 octobre.

L'AN 437, l'Église de Carthage était en butte aux persécutions de Genséric. Mais la Providence lui réservait un pasteur qui devait être à la hauteur des circonstances. Il s'appelait Quod-vult-Deus et était l'un des membres les plus distingués du clergé de cette ville. D'après les ordres de Genséric, les évêques d'Afrique avaient à opter entre l'exil ou la servitude. De plus, chacun d'eux devait lui livrer les trésors de l'Église, les vases sacrés et les ornements précieux. Peu de temps après, Quod-vult-Deus fut embarqué sur de mauvais navires avec une foule de clercs, qu'on avait dépouillés de leurs biens et même de leurs vêtements. Dieu daigna les protéger, et les navires abordèrent heureusement à Naples. Les catholiques d'Italie leur offrirent l'hospitalité la plus large et la plus généreuse. Mais le saint prélat ne pût goûter de repos: tous les jours, il priait Dieu, avec larmes, de ne pas permettre aux ariens de dévaster plus longtemps son troupeau. Plusieurs fois il écrivit aux fidèles de Carthage des lettres empreintes de la plus tendre charité, les exhortant à imiter la fermeté et la constance de leurs ancêtres dans la foi. Enfin, après avoir édifié la ville de Naples par ses vertus, il mourut plein de jours et de mérites.

Saint Gaudiosus.

GAUDIOSUS, évêque d'Abitine, fut expulsé de son siège et relégué en Italie, en même temps que saint Quod-vult-Deus. Ils arrivèrent ensemble à Naples, après la traversée miraculeuse dont nous venons de parler. Nostrien, qui à cette époque était évêque de cette ville, accueillit les exilés avec charité, les priant de regarder désormais sa ville épiscopale comme une nouvelle patrie. Gaudiosus choisit un endroit reculé pour y mener la vie monastique, et jeta les fondements d'un monastère, dont la direction fut confiée plus tard au saint abbé Agnel. Il mourut laissant, à ceux qui l'avaient connu, une mémoire vénérée. Son corps fut déposé en dehors de la ville, dans un tombeau bâti en forme de voûte et orné de mosaïques. Les habitants de Naples voulurent, par piété, être ensevelis autour de ce tombeau. Peu à peu, un cimetière s'y forma et, sur la crypte de saint Gaudiosus, on bâtit un église dédiée à Notre-Dame de la Santé.

Saint Marcel, martyr.

LA légion Trajane était en garnison à Tanger, sur les frontières de l'empire romain. C'était jour de fête au camp; on y célébrait, par des sacrifices et par des festins, l'anniversaire de la naissance du général Herculien. Un centurion nommé Marcel, qui était chrétien, pour ne point participer aux sacrifices idolâtriques, prit son ceinturon et le jeta devant les étendards romains en s'écriant : « Je ne veux servir que Jésus-Christ ; » puis, jetant le cep de vigne, marque de son grade, et toutes ses armes, il ajouta: « Si pour servir l'empereur il faut sacrifier aux faux dieux, je renonce à l'état militaire. » Ceux qui l'entendirent furent stupéfaits de son audace. On s'empare de lui et on le conduit au juge Fortunat, qui ordonne de le mettre en prison. Quand les fêtes furent terminées, il le fit comparaître et lui dit : « Pourquoi donc, au mépris de la discipline militaire, avez-vous jeté vos armes? » Marcel répondit : « J'ai déjà déclaré, le jour de la fête, que j'étais chrétien : je répète encore que je ne puis servir que Jésus-Christ. » Le juge s'écria qu'il ne pouvait laisser ignorer à ses chefs une semblable témérité. Il l'envoya au tribunal d'Agricolanus, qui exerçait dans la ville les fonctions de proconsul.

Marcel renouvela devant Agricolanus les décla-
rations qu'il avait déjà faites et qui étaient consi-
gnées dans le rapport. Alors le juge lut cette sentence : « Nous condamnons à avoir la tête tranchée
le centurion Marcel, qui a violé publiquement le
serment militaire. » En marchant à la mort, Marcel disait : Que Dieu vous pardonne et vous bénisse.
Puis il tendit le cou au bourreau, qui lui trancha
la tête.

Le greffier du tribunal, qui avait écrit la sentence sous la dictée d'Agricolanus, s'appelait Cassien. Aussitôt que lecture en fut faite par le juge,
Cassien jeta avec indignation son stylet et ses tablettes. Comme on lui en demandait la cause, il répondit que la sentence était injuste. On le conduisit
en prison, et en passant devant Marcel, celui-ci le
regarda d'un air souriant : Dieu avait daigné lui
révéler que Cassien cueillerait comme lui la palme
du martyre. En effet, Cassien ne languit pas longtemps en prison. Peu de jours après, il fut décapité
à l'endroit même où saint Marcel avait été martyrisé.

Sainte Crispine.

5 décembre.

A l'époque où le saint pontife Marcellin remportait à Rome la palme du martyre, on arrêta en Numidie une noble dame nommée Crispine, dont saint Augustin a fait plusieurs fois un pompeux éloge. Elle habitait la ville de Thagaste, mais il est à peu près certain qu'elle comparut à Thébeste devant le proconsul Anulin. On introduisit donc Crispine en sa présence. Le proconsul lui demanda si elle observait le décret de l'empereur. « J'ignore, répondit-elle, quel est ce décret dont vous me parlez. — Ce décret, reprit Anulin, ordonne à tous les chrétiens de sacrifier aux dieux.» Crispine lui répliqua : « Je n'ai jamais offert de sacrifice qu'à Dieu seul et à son Fils Jésus-Christ, qui a daigné naître et souffrir pour notre salut. » Anulin voulut insister pour faire embrasser à cette courageuse chrétienne les superstitions païennes; il lui représentait quelles peines sévères la loi inflige à ceux qui désobéissent aux empereurs : « J'adore tous les jours mon Dieu, reprenait Crispine, je n'en connais point d'autre. » Les menaces ne l'effrayèrent pas davantage. « Je souffrirai avec joie, disait-elle, tout ce qui pourra m'arriver de fâcheux à cause de ma foi. »

Le proconsul revint plusieurs fois à la charge;

mais toutes ses instances furent inutiles. Crispine détournait la tête avec horreur des idoles qu'on voulait lui faire adorer. Elle répétait que, depuis sa naissance, elle n'avait jamais commis cette abomination et que, jusqu'au dernier soupir, elle n'y consentirait jamais. Un langage aussi ferme fit comprendre au proconsul qu'il perdrait sa peine. Furieux de cette résistance, il ordonne de la raser, lui infligeant aussi l'affront de la faire paraître en public la tête dépouillée de sa chevelure. Puis il lui rappela l'exécution sanglante de Maximilla et de tant d'autres, «dont vous allez partager le sort,» disait-il en finissant. Crispine déclara qu'elle était prête à mourir : « Le martyre est un bienfait pour moi; il m'évitera la mort de l'âme et me préservera des feux éternels.» Anulin, hors de lui, s'écria : «Qui pourrait souffrir plus longtemps cette impie?» Puis il lut la sentence qui la condamnait à la peine capitale. Alors la noble chrétienne, toute joyeuse: «Je rends grâces à Dieu, qui me délivre de vos mains. » Ce jour même le bourreau lui trancha la tête.

Saint Valérien, évêque.

16 décembre.

VALÉRIEN, évêque d'Abbenza, était âgé de plus de 80 ans lorsque Genséric, roi des Vandales, le pressa de lui livrer les vases sacrés. Le vénérable vieillard s'y refusa énergiquement. Pour le punir de sa résistance, le tyran le chassa de sa ville épiscopale; il défendit en outre, sous les peines les plus sévères, de lui offrir un abri. Valérien fut réduit à se coucher sur le bord du grand chemin, et là, à moitié vêtu, exposé aux intempéries des saisons, après de longs jours de souffrances inexprimables, il mourut rendant à la foi catholique un éclatant témoignage.

Saint Majoricus, sainte Denise et leurs compagnons, martyrs.

6 décembre.

HUNÉRIC avait juré de détruire le catholicisme en Afrique. Dans ce but, il expédia des bourreaux dans toutes les provinces, avec l'ordre le plus formel de n'épargner ni l'âge ni le sexe, et de faire couler à flots le sang des catholiques. Bientôt, un grand nombre de ceux-ci eurent consommé leur martyre. Les uns expirèrent sous les coups de bâton, d'autres furent pendus, d'autres consumés par les flammes. On se faisait un jeu cruel de dépouiller et de torturer publiquement un grand nombre de femmes, surtout les plus honorables. Une d'entre elles s'appelait Denise. Les ariens observèrent que cette dame n'était pas moins remarquable par sa beauté que par son énergique attitude devant les persécuteurs.

Ils la dépouillent de ses vêtements et la frappent à coups de bâton. Le sang coulait à flots de tous ses membres meurtris. Mais ces souffrances ne lui arrachèrent que cette parole : «Ministres du démon, vous croyez me déshonorer en m'exposant à la risée de la populace. Mais vous travaillez à ma gloire.» Puis, se tournant vers ses compagnes, elle les encourageait à souffrir, leur citant des passages des saints Livres, qu'elle possédait parfaitement.

On s'était saisi de son fils, tout jeune encore et d'une santé chétive. Cet enfant semblait s'effrayer des tortures qu'on lui préparait. Mais sa mère par l'éloquence de ses regards, et par ses paroles enflammées, lui inspira une force telle qu'il montra plus de courage que sa mère elle-même. Pendant que ce cher fils souffrait les coups des barbares, elle lui criait : « Souviens-toi, mon fils, que nous avons été baptisés au nom de la Sainte Trinité, dans le sein de notre Mère l'Église catholique. Ne

perdons pas le précieux vêtement de la grâce, de
peur que le maître du festin éternel ne nous
trouve sans la robe nuptiale, et ne dise aux serviteurs : Jetez-les dans les ténèbres extérieures,
où il y a des pleurs et des grincements de dents.
Voilà la peine qu'il faut craindre, parce qu'elle
n'aura pas de fin. Soupirons après l'autre vie, dont
les délices seront éternelles.» Ces paroles brûlantes
et d'autres qu'elle ajouta firent de son enfant un
illustre martyr. Majoricus, c'était son nom, sou-
tenu par les exhortations maternelles, rendit le dernier soupir au milieu des tortures. Denise prit
dans ses bras cette chère victime, la couvrit de
baisers. Au lieu de pleurer, elle rendait grâces à
Dieu d'une mort si glorieuse. Elle ensevelit le corps
de son fils dans sa maison. Elle venait souvent
prier sur son tombeau, elle ne se croyait pas sé-
parée de son enfant, car elle se réjouissait dans
la pensée qu'elle et lui seraient réunis un jour
dans le même bonheur.

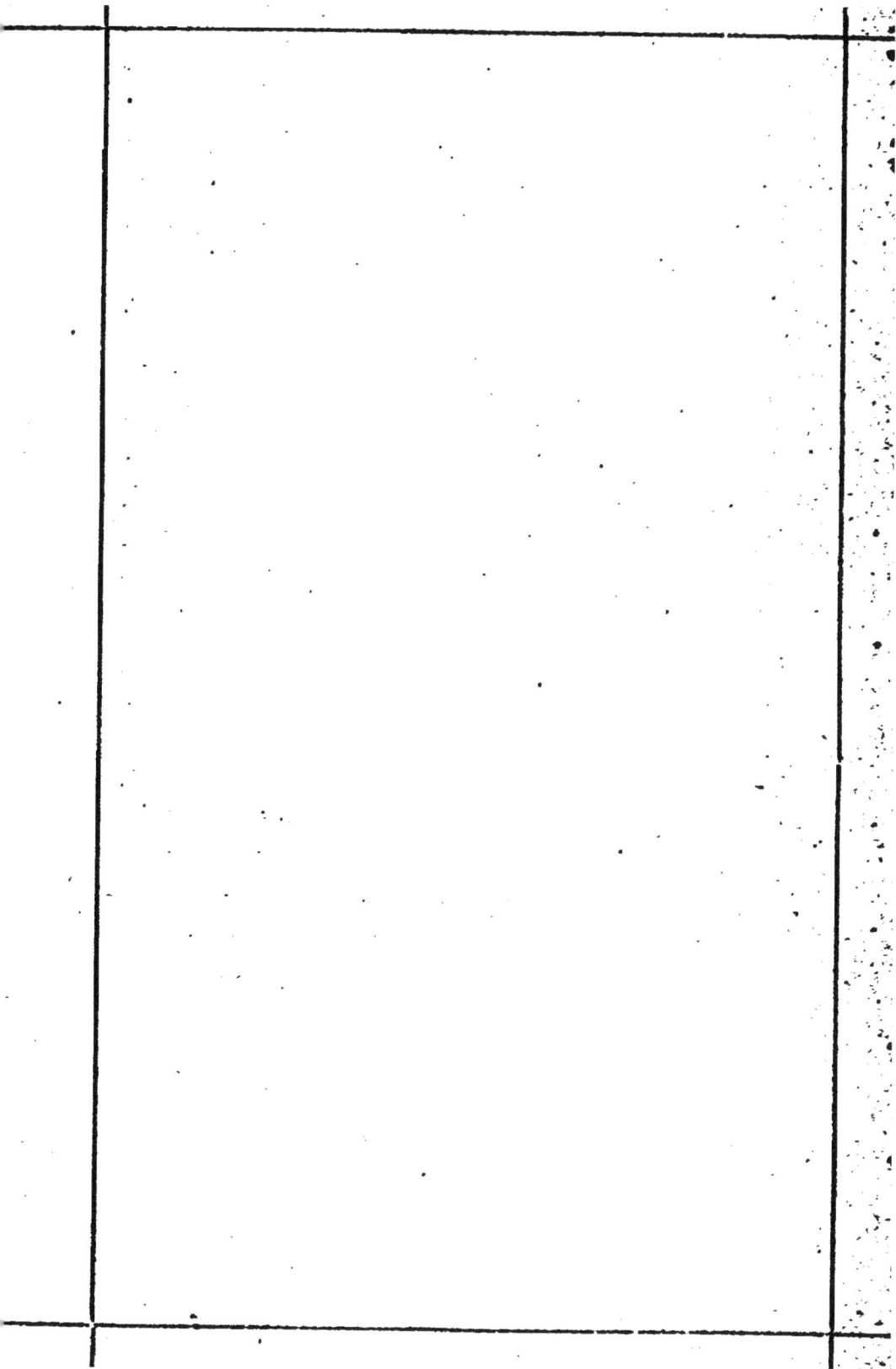

Vie de Saint Augustin par Saint Possidius.

J'ÉTAIS encore laïque quand je promis à Dieu, avec le secours de sa grâce, de consacrer mon faible talent au service de l'Église catholique et à l'édification des fidèles. Maintenant que je suis évêque, ce désir d'être utile à mes frères est devenu plus vif que jamais. C'est pourquoi Dieu m'a inspiré la pensée de retracer la vie du grand évêque Augustin. Honoré de son amitié, je devais à l'Église de ne rien cacher de ce que j'ai vu et entendu d'édifiant dans le cours de cette belle existence. Du reste, je ne fais que suivre en cela l'ancienne et louable coutume de satisfaire la pieuse curiosité des fidèles en leur racontant les actions et les paroles des hommes illustres que la Providence daigne envoyer de temps en temps à son Église.

Si je n'avais consulté que mon talent, j'aurais laissé à d'autres le soin d'entreprendre ce travail. Mais, ayant eu l'avantage de vivre pendant de longues années dans l'intimité de cet illustre pontife, je suis mieux que personne à même de reproduire les faits de sa vie.

Je demande à Dieu de remplir ma tâche de manière à ne pas trahir la vérité par exagération, tout en ne célant rien de ce qui pourrait édifier les fidèles.

Je ne répéterai pas ce qu'Augustin lui-même a dit des années qui ont précédé sa conversion : on pourra trouver ces détails intéressants dans le livre de ses Confessions. A propos de cet ouvrage, qu'on me permette une remarque. Augustin ne l'a écrit que sous l'empire d'une profonde humilité. Ce n'est pas sa propre louange qu'il a recherchée, mais plutôt la gloire de Dieu et de la grâce qui l'avait relevé d'une chute si profonde. En cela il n'a fait que suivre le conseil de l'Esprit-Saint : « Il est bon de cacher le secret du roi, mais il est honorable de publier les œuvres de Dieu : *Sacramentum regis bonum est abscondere, opera autem Domini revelare et confiteri bonum est.*» (Tobie, 127.)

Chapitre premier.

Naissance, conversion et baptême d'Augustin. Touché par l'éloquence de l'évêque de Milan, il abjure l'erreur des manichéens. Il est baptisé par Ambroise.

AUGUSTIN naquit à Thagaste, ville de la province romaine d'Afrique. Son père était du nombre des curiales (ou administrateurs de la ville) ; il appartenait à une classe honorable de la société. Les parents d'Augustin l'élevèrent avec le plus grand soin ; ils ne reculèrent devant aucun sacrifice pour lui faire donner une instruction aussi complète que possible. Augustin enseigna d'abord la grammaire dans sa ville natale, puis la rhétorique à Carthage, capitale de l'Afrique. Plus tard il se rendit à Rome, où il occupa une chaire d'éloquence. De Rome il alla à Milan, résidence de Valentinien le Jeune et de sa cour. L'église de Milan était alors gouvernée par Ambroise, évêque illustre et grand serviteur de Dieu. Augustin, mêlé aux fidèles, suivait assidûment les instructions d'Ambroise ; il était suspendu aux lèvres du prédicateur.

Depuis son séjour à Carthage, il était imbu des erreurs manichéennes ; aussi écoutait-il avec plus d'attention que les autres si Ambroise ne disait rien en faveur de l'hérésie ou contre elle. Dieu bénit la parole de son pontife, car celui-ci, traitant de temps à autre des points qui avaient trait au manichéisme, répondait victorieusement aux objections des hérétiques. Peu à peu la lumière se faisait dans l'âme d'Augustin. Vint ensuite la conviction entière que la foi catholique renfermait la vraie doctrine. Dès lors, Augustin soupira avec ardeur après les solennités de Pâques, où il devait recevoir l'eau salutaire. Dieu, dans sa bonté, disposa toutes choses de façon qu'Ambroise pût communiquer à Augustin, et la lumière par sa parole, et la grâce par les sacrements.

Chapitre deuxième.

Augustin âgé de plus de 30 ans, forme le projet de tout quitter pour servir Dieu.

LA grâce de Dieu, en convertissant Augustin, avait pénétré jusqu'aux fibres les plus intimes de son âme.

Aussi renonça-t-il à toute idée de famille, de richesses, d'honneur, en un mot à toutes les espérances de ce monde. Il résolut de se donner tout à Dieu, et de faire partie de ce petit troupeau à qui le Sauveur a dit : Ne craignez pas, petit troupeau, parce qu'il a plu à votre Père de vous donner le royaume. Vendez les biens que vous possédez, faites l'aumône, choisissez dans le ciel des sacs qui ne vieillissent pas et amassez-vous des trésors qui ne s'épuisent jamais, etc. (Luc, 12, 32.) Il voulut pratiquer à la lettre le conseil du Sauveur : « Si vous voulez être parfait, vendez tout ce que vous avez, donnez-le aux pauvres, et vous aurez un trésor dans le ciel, et venez, suivez-moi.» (19, 21.) Selon le langage figuré de St Paul, il mit ses soins à bâtir l'édifice de sa perfection, non plus sur le bois ou sur la paille, mais sur l'or, l'argent et les pierres précieuses, c'est-à-dire sur les solides vertus.

Augustin, avait alors dépassé trente ans. Sa mère vivait encore et ne le quittait pas. Elle se réjouissait vivement de son projet de servir Dieu, ne regrettant pas la postérité qu'Augustin aurait pu lui donner s'il était demeuré dans le monde. Son père Patrice était mort depuis quelques années. Augustin fit part à ses élèves de son désir de se consacrer à Dieu, et les permit de se choisir un autre professeur de rhétorique.

Chapitre troisième.

Augustin se retire dans la retraite. Il fait une conversion.

AUGUSTIN, après avoir reçu la grâce du baptême, revint dans sa patrie, accompagné de quelques amis qui avaient, comme lui, formé le dessein de servir Dieu. Il vécut retiré dans sa propre maison, pendant l'espace de trois ans, et là, accompagné de ces mêmes amis, il se livra aux jeûnes, aux oraisons, aux bonnes œuvres et à la méditation des saintes Écritures. Il enseignait les fruits de ses méditations dans des écrits à l'aide desquels il instruisait les absents, comme ceux qui étaient autour de lui. Sur ces entrefaites, la renommée de la science et des vertus d'Augustin parvint aux oreilles d'un certain magistrat d'Hippone et chrétien fervent. Il désira le voir et l'entendre, promettant de mener une vie plus parfaite s'il pouvait recevoir des instructions de la bouche même d'Augustin. Notre saint en fut informé et, désireux d'arracher cette âme aux dangers du monde, il se rendit lui-même à Hippone, eut de fréquents entretiens avec cet homme et le pressa d'accomplir sa promesse. Celui-ci remettait toujours et ne se rendit que plus tard : le zèle et les efforts d'Augustin ne devaient pas rester infructueux.

Chapitre quatrième.

Augustin est élevé au Sacerdoce.

LE saint évêque Valère gouvernait alors l'Église d'Hippone. Un jour, il entretint son peuple de la nécessité d'élire un prêtre qui l'aidât dans les fonctions de son ministère. Augustin, qui était assis tranquillement au milieu des auditeurs, ne prévoyait pas ce qui allait se passer. Il nous avait avoué qu'il n'assistait jamais aux offices dans les églises qui n'avaient pas d'évêque. Après que Valère eut parlé, tous les fidèles, connaissant la science et la sainteté d'Augustin, se tournèrent instinctivement vers lui. Ils s'emparent de sa personne et le conduisent à Valère, en demandant à grands cris qu'il fût ordonné prêtre. Augustin, consterné versait des larmes abondantes. Quelques-uns interprétaient mal sa douleur ; ils lui disaient, croyant le consoler, qu'à la vérité le sacerdoce était inférieur a l'épiscopat, mais que c'était le moyen de parvenir bientôt au premier rang.

Le saint homme était bien éloigné d'avoir de telles pensées. Il prévoyait les dangers et les travaux inséparables du ministère sacré, et il gémissait amèrement de voir que ce fardeau allait lui être imposé au moment où des temps difficiles se préparaient pour l'Église.

Valère, accédant au désir des fidèles, fit l'ordination d'Augustin.

Chapitre cinquième.

Augustin fonde un monastère. Valère le fait prêcher en sa présence.

UNE fois honoré du sacerdoce, Augustin établit un monastère, où il vécut avec quelques serviteurs de Dieu, sous la règle tracée par les

Apôtres. Un des points essentiels de cette règle était la communauté des biens ; chaque religieux recevait ce qui lui était nécessaire, mais aucun d'eux ne possédait rien en propre. Augustin, dès son retour en Afrique, avait donné avec ses amis l'exemple de ce détachement héroïque.

Cependant Valère se réjouissait de l'ordination d'Augustin. Évêque d'une grande piété, il avait souvent demandé à Dieu un homme qui fût capable d'instruire les fidèles de son troupeau. Il était Grec d'origine, et peu instruit dans les lettres latines ; il sentait vivement ce défaut, qui l'empêchait d'être utile à son Église autant qu'il l'eût voulu. Aussi remerciait-il Dieu avec effusion de l'avoir exaucé en lui donnant Augustin. Contrairement à l'usage établi dans les Églises d'Afrique, il autorisa son nouveau prêtre à prêcher en sa présence. Certains évêques, ses collègues, l'en blâmèrent. Mais Valère ne songeait qu'à l'intérêt spirituel de son troupeau ; il savait que cet usage était en vigueur dans les Églises d'Orient. Il ne tint aucun compte des propos qu'on tenait contre lui, heureux de voir qu'un prêtre suppléait à l'insuffisance de l'évêque. *Ainsi ce flambeau brillant fut placé sur le chandelier pour éclairer toute la maison.* Bientôt plusieurs évêques, informés du bien que faisaient les prédications d'Augustin, adoptèrent l'usage de faire prêcher des prêtres en leur présence.

Chapitre sixième.

Discussion d'Augustin avec le manichéen Fortunat.

A cette époque, la ville d'Hippone était infectée par l'hérésie des manichéens. Un certain prêtre de la secte, nommé Fortunat, qui habitait Hippone, avait séduit beaucoup de personnes du pays et plusieurs étrangers. Quelques habitants de la ville, accompagnés de chrétiens, tant catholiques que donatistes, vinrent trouver Augustin et le prièrent d'avoir une conférence sur les questions controversées avec Fortunat, qu'ils regardaient comme un homme de grande science. Augustin ne s'y refusa pas, sachant que le prêtre, selon l'apôtre saint Paul, doit être toujours prêt à rendre raison de sa foi et à réfuter ceux qui la contredisent. Il demanda si Fortunat y consentait. Immédiatement ceux qui étaient venus le trouver se transportèrent chez Fortunat, le suppliant d'accepter la discussion. Fortunat avait connu Augustin à Carthage, alors que celui-ci partageait les mêmes erreurs. Il avait pu apprécier le génie pénétrant d'Augustin. La pensée d'avoir à lutter contre un tel adversaire l'effrayait grandement. Ses coreligionnaires insistèrent beaucoup. Fortunat eut honte de faire paraître des appréhensions et finit par accepter la conférence. Le jour fixé étant venu, Augustin et Fortunat se rendirent au lieu désigné: une foule de savants et de curieux accoururent. Les secrétaires préparèrent leurs tablettes pour écrire les arguments de part et d'autre, au fur et à mesure de la discussion. La conférence dura deux jours. Le manichéen, comme l'attestent les procès-verbaux, ne produisit aucun argument sérieux contre la foi catholique ou en faveur de l'hérésie. A bout de ressources, il dit qu'il consulterait les plus instruits de la secte sur les difficultés qu'il n'avait pu résoudre lui-même. Si les plus anciens d'entre les manichéens ne pouvaient lui donner une réponse satisfaisante, il prendrait le parti le plus sûr pour le salut de son âme. Dès lors, Fortunat perdit la réputation d'homme savant dont il avait joui jusqu'à ce jour. Honteux de sa défaite, il quitta la ville d'Hippone et n'y reparut jamais. La victoire d'Augustin eut pour résultat la conversion d'un grand nombre d'hérétiques.

Chapitre septième.

Les livres et les traités de saint Augustin sont lus avec avidité par les hérétiques eux-mêmes.

AUGUSTIN ne cessait de prêcher la parole de Dieu, en public et en particulier, à l'église et jusque dans l'intérieur des maisons, combattant sans relâche, de vive voix et par ses écrits, contre les hérésies qui désolaient l'Afrique : le donatisme, le manichéisme, le paganisme.

Grâce à Dieu, à la grande joie des fidèles, l'Église catholique, longtemps opprimée par les hérétiques, qui se trouvaient en majorité, put enfin relever fièrement la tête. Les traités d'Augustin joignaient à une raison supérieure le poids de l'autorité des Écritures. Les hérétiques les recherchaient et les lisaient avec avidité. Les entretiens et les instructions d'Augustin, soigneusement recueillis par des secrétaires, passaient de main en main. D'Hippone, ils se répandirent dans toute l'Afrique, semant partout la bonne doctrine et l'odeur suave de Jésus-Christ. Les Églises d'outre-mer apprirent avec une joie sensible les succès d'Augustin : car, comme dit St Paul, si un membre du corps souffre, tous les autres membres souffrent également. Quand un membre est dans la joie, tous les membres se réjouissent. (1 Cor., XII, 26.)

Chapitre huitième.

Augustin reçoit la consécration épiscopale du vivant de Valère.

L E vénérable évêque d'Hippone se réjouissait plus que tout autre du bien opéré par le ministère d'Augustin. Il ne cessait de remercier

Dieu d'avoir donné un tel homme à son Église.
En même temps, il craignait qu'on ne le lui enle-
vât pour le placer, comme évêque, à la tête d'une
Église privée de pasteur, ce qui aurait eu lieu depuis longtempssi Valère n'avait eu soin de cacher
Augustin dans une retraite profonde pour le dé-
rober aux recherches des fidèles étrangers qui
l'auraient voulu pour évêque. Il écrivit secrètement au primat de Carthage, lui représenta son
âge avancé et ses infirmités, et demanda pour son
prêtre Augustin la faveur d'être ordonné évêque,
non pour le remplacer sur le siège d'Hippone,
mais pour l'aider en qualité de coadjuteur. Sa demande fut agréée. Alors Valère invita Mégale,
évêque de Calame et primat de Numidie, à se
rendre à Hippone, et, en présence des évêques qui
se trouvaient de passage et des fidèles, il fit part
de ses intentions. Tous accueillirent cette nouvelle avec les plus grandes démonstrations de joie.
Seul le prêtre Augustin résistait, alléguant la coutume qui défend d'ordonner un évêque pour un
siège du vivant du titulaire. On lui répondit
que cela se faisait aussi dans les autres Églises;
on lui en cita des exemples. Augustin se rendit
à regret à leurs instances et reçut la consécration
épiscopale. Plus tard Augustin, de vive voix et dans
ses livres, blâma cette élévation, faite contre la
défense du Concile de Nicée, qu'il n'avait connue
qu'après sa consécration. Aussi dans plusieurs

Conciles tenus en Afrique, Augustin fit promúl-
guer la règle du Concile de Nicée, de manière à ce
qu'elle fût appliquée par les évêques consécra-
teurs.

Chapitre neubième.

Controverses d'Augustin avec les donatistes.

L'ÉLÉVATION d'Augustin à l'épiscopat, en
donnant plus d'autorité à sa parole, ne fit
qu'accroître son ardeur pour la prédication. Il se
multipliait pour répondre à toutes les demandes
que les fidèles désireux de l'entendre lui adres-
saient de tous les diocèses. Les hérétiques recueil-
laient avec soin ses écrits et les montraient à leurs
évêques. Ceux-ci essayaient quelquefois de répli-
quer. On apportait leurs réponses à Augustin, qui
les réfutait aussitôt avec une patience et une douceur tout évangéliques. Ses répliques lumineuses
mettaient la foi catholique dans un jour éclatant.
La journée ne lui suffisant pas, il passait les nuits
à accomplir cette rude tâche. Il écrivait des lettres
nombreuses aux évêques donatistes et aux laïques marquants de la secte : il s'efforçait de les
désabuser de leurs erreurs, ou du moins de les engager à discuter avec lui. Ceux-ci se taisaient
obstinément ; au lieu de répondre à ses arguments,
ils répandaient en tous lieux des propos violents

contre Augustin, le traitaient en toute rencontre de trompeur et de séducteur des âmes. C'était un loup, disaient-ils, qu'il fallait égorger dans l'intérêt du troupeau. Celui qui les délivrerait d'Augustin ferait une œuvre agréable à Dieu et obtiendrait sûrement le pardon de tous ses péchés. Tels étaient les propos violents de ces hommes sans pudeur. Augustin eut beau les provoquer; ils n'osèrent jamais entrer en discussion avec lui.

Chapitre dixième.

Violences des Circoncellions.

L A secte des donatistes renfermait une classe d'hommes pervers et violents, appelés Circoncellions, qui feignaient de pratiquer une continence parfaite. Il s'en trouvait un grand nombre dans toutes les parties de l'Afrique. Gens brouillons, audacieux, imbus de doctrines subversives, sans cesse en querelle entre eux, ils troublaient le repos général, ils élevaient, au gré de leurs caprices, des prétentions injustes et insensées. Quand on résistait à leurs exigences, ils se faisaient justice eux-mêmes par de mauvais traitements. On les voyait vagabonder à travers champs d'une maison de campagne à l'autre, armés de traits et de javelots, signalant quelquefois leur passage par l'effusion du sang; ennemis de la paix, ils persécutaient ceux qui voulaient vivre en paix. Les prédications d'Augustin avaient fait rentrer beaucoup d'hérétiques dans le sein de l'Église. Jaloux des progrès toujours croissants de la foi catholique, ils s'en vengèrent sur les prêtres. Il ne se passait pas de jour qu'ils ne leur fissent subir les plus odieux traitements. Ils s'emparaient arbitrairement de leurs biens, battaient les uns et les laissaient à demi-morts, jetaient de la chaux vive trempée dans le vinaigre dans les yeux des autres. Quelques-uns même furent tués. Enfin les circoncellions en vinrent à ce point que leurs coreligionnaires, fatigués de ces désordres, les détestaient et les craignaient autant que les catholiques eux-mêmes.

Chapitre onzième.

Progrès de l'Église sous la direction d'Augustin. Ses disciples fondent des monastères.

LE monastère fondé et dirigé par Augustin devenait de plus en plus florissant. Bientôt le clergé d'Hippone se recruta parmi les religieux. Les plus éminents d'entre eux furent même demandés pour gouverner des Églises, tant la réputation de la ferveur et de la science de ces serviteurs de Dieu s'était répandue au loin. Ces évêques, formés par les leçons d'Augustin, s'empressèrent à leur tour de fonder, dans leurs diocèses, des monastères qui devinrent des pépinières de prêtres et d'évêques remarquables.

Cependant les doctes écrits d'Augustin traversèrent les mers. On les traduisit en langue grecque, et ainsi on les lut jusque dans les Églises orientales.

Les ennemis de la foi catholique frémissaient de ces succès prodigieux ; comme dit l'Écriture, ils grinçaient des dents, et pâlissaient de jalousie. (*Psaumes, III, 10.*) De leur côté, les serviteurs de Dieu s'en réjouissaient et supportaient avec patience les vexations que les pêcheurs leur faisaient souffrir.

Chapitre douzième.

Augustin échappe, grâce à une erreur du guide, à un guet-apens. Les hérétiques sont condamnés à l'amende.

AUGUSTIN était l'objet spécial de la haine des sectaires. Les circoncellions lui tendirent souvent des embûches à main armée sur les chemins qu'il devait suivre, quand il se rendait à l'appel des fidèles étrangers : ce qui arrivait fréquemment.

Un jour, il échappa comme par miracle à un guet-apens. Les hérétiques s'étaient postés sur une route et l'attendaient au passage. Mais, par un trait de la Providence, le guide qui le conduisait se trompa de chemin, et ainsi Augustin évita de tomber dans les mains des forcenés. Augustin remercia Dieu, qui l'avait protégé visiblement ; les hérétiques se vengèrent de leur insuccès sur les laïques et sur les prêtres catholiques.

Nous ne devons pas oublier les efforts tentés par Augustin, efforts couronnés d'un plein succès, pour arrêter les excès des hérétiques. Un fait entre autres montre à quel point d'audace ils en étaient venus. Un des disciples d'Augustin (1), formé dans son monastère et placé à la tête de l'Église de Calame, faisait la visite de son diocèse. En chemin, des hérétiques se jetèrent sur lui, enlevèrent les bêtes et les bagages qu'elles portaient, et battirent cruellement les serviteurs de l'évêque et l'évêque lui-même. Tant de désordres compromettaient gravement la paix de l'Église. Pour les faire cesser, Augustin eut recours au bras séculier. Les empereurs avaient porté une loi qui condamnait tout hérétique à une peine pécuniaire. Crispin, évêque donatiste de Calame, fut dénoncé comme l'instigateur de l'attentat commis contre l'évêque catholique. Cité devant le juge, Crispin nia qu'il fût hérétique. Alors Augustin provoqua la réunion d'une conférence où les deux évêques discutèrent les points de doctrine en présence de nombreux auditeurs. Crispin, vaincu, fut condamné comme hérétique à payer l'amende.

_____

(1) Possidius, l'auteur de cette biographie.

L'évêque catholique intercéda en sa faveur, et
Crispin ne donna pas la somme. Au lieu de se mon-
trer reconnaissant, Crispin en appela à l'empereur;
celui-ci prit connaissance des procès-verbaux et
confirma le jugement. Augustin et ses collègues
obtinrent que la peine pécuniaire fût remise.

Chapitre treizième.

Paix de l'Église, procurée par Augustin.

C'EST ainsi que Dieu réservait à son serviteur
Augustin la gloire d'avoir pacifié l'Église.
Grâce à cette tranquillité, la foi catholique fit tous
les jours de nouveaux progrès. Ce mouvement de
retour vers l'orthodoxie fut surtout sensible après
la conférence de Carthage. L'empereur Honorius,
de glorieuse mémoire, pour mettre fin aux divisions qui déchiraient l'Église d'Afrique, avait in-
vité les évêques catholiques et donatistes à se
réunir en conférence. Ce prince envoya même le
tribun Marcellin pour présider l'assemblée en son
nom et prononcer une sentence, après la clôture
des débats. Les discussions tournèrent à la confu-
sion des hérétiques. Pressés par l'argumentation
des catholiques, ils avaient été convaincus facilement d'erreur. Marcellin les condamna aux peines
pécuniaires portées, par les lois du temps, contre
les hérétiques. L'empereur, à qui les évêques dona-

tistes en avaient appelé, confirma la sentence de son représentant. Un grand nombre d'évêques dissidents, suivis du clergé et des fidèles, se réunirent à l'Église catholique. Cette conversion leur attira bien des vexations de la part de leurs anciens coreligionnaires. Plusieurs payèrent même de leur vie leur retour à l'unité catholique.

Chapitre quatorzième.

Émérite, évêque donatiste de Césarée, refuse d'entrer en discussion. — Triomphe d'Augustin.

LEs donatistes ne manquèrent pas de dire que leurs évêques, intimidés par Marcellin, qu'on savait ouvertement favorable aux catholiques, n'avaient pas eu une pleine liberté de discussion. Cette excuse n'était pas recevable. Ne savaient-ils pas, avant la réunion, que Marcellin était un catholique fervent ? Ne pouvaient-ils pas refuser d'assister à la conférence, s'ils suspectaient le président de partialité ?

Une circonstance providentielle permit à l'évêque d'Hippone d'ôter aux hérétiques cette misérable excuse.

Le pape Zosime avait chargé Augustin et quelques autres évêques, d'une mission relative à certaines affaires ecclésiastiques de l'Église de Césarée en Mauritanie.

Augustin se rendit dans cette ville. Or, l'évêque donatiste de Césarée, nommé Émérite, était l'un de ceux qui avaient pris part à la conférence de Carthage. Augustin profita de la circonstance pour engager une discussion publique avec lui, en présence d'auditeurs des deux partis. Il lui faisait cette observation : « Puisque vous prétendez que vous n'avez pu présenter librement votre défense à Carthage, faites-le donc ici, dans votre patrie, au milieu de vos concitoyens. »

Les amis d'Émérite insistaient pour qu'il acceptât la lutte, lui disant même que s'il en sortait vainqueur, ils reviendraient à la secte donatiste au péril même de leur vie. Émérite reculait toujours. Il ne savait donner d'autre réponse que celle-ci : « Qu'on lise les procès-verbaux de la conférence de Carthage, et on verra si nous avons été convaincus d'erreur. » Tout le monde s'aperçut qu'Émérite se défiait de sa cause. Aussi ceux qui étaient rentrés dans l'Église catholique n'en furent que plus fermes dans leur conversion.

Chapitre quinzième.

Conversion étonnante d'un marchand nommé Firmus.

UN jour, pendant que nous étions à table, Augustin nous dit : « Avez-vous remarqué qu'aujourd'hui j'ai terminé mon sermon par un sujet tout différent de celui que j'avais annoncé en commençant ? » Nous lui dîmes que nous l'avions remarqué avec étonnement. Augustin reprit: «Dieu a peut-être profité de ma distraction pour instruire un esprit égaré qui se trouvait au milieu des fidèles, car notre parole comme notre personne est entre ses mains. Je m'étais proposé de traiter un certain sujet, puis, sans achever l'explication commencée, j'ai terminé, à mon insu, l'instruction par une réfutation du manichéisme. Cependant, je n'avais pas pensé à cette hérésie en me préparant à parler. »

Peu de jours après cette conversation, Augustin était dans le monastère, entouré de ses religieux. Voici venir un marchand nommé Firmus, qui se jette aux pieds de l'évêque, en pleurant à chaudes larmes : il avait, disait-il, partagé les erreurs du manichéisme; pour soutenir la secte, il avait fourni des sommes considérables. Mais un sermon d'Augustin l'avait complètement désabusé de ses erreurs.

Alors nous lui demandons quel sermon l'a touché si profondément. Il nous l'indique, et nous reconnaissons que c'était précisément ce passage qu'Augustin avait donné par distraction ; tous ensemble nous bénissons Dieu, qui se sert de moyens si admirables pour sauver les âmes. Providence étonnante, qui profite même d'une instruction sans liaison et sans suite pour éclairer les esprits.

Firmus renonça au commerce. Il embrassa la vie religieuse dans un monastère étranger. Il fut même élevé au sacerdoce, dont il remplit saintement les fonctions. Peut-être vit-il encore au moment où j'écris ce livre.

Chapitre seizième.

Augustin, dans une conférence, convainc d'erreur l'arien Pascentius. — Autre conférence avec Maximin, évêque arien.

A cette époque, vivait à Carthage un comte arien nommé Pascentius. Il exerçait les fonctions de collecteur d'impôts et s'acquittait de cette charge avec une extrême dureté. Il ne mettait pas moins d'âpreté à combattre la foi catholique. Doué d'une grande facilité de parole, il en abusait pour troubler la foi de certains prêtres catholiques, peu initiés aux subtilités de la dialectique. Augustin, par l'intermédiaire de certaines personnes marquantes, provoqua le comte, qui consentit à une entrevue. Augustin insistait beaucoup pour que le procès-verbal fût dressé au fur et à mesure de la discussion. Pascentius ne voulait pas que des secrétaires recueillissent les arguments fournis de part et d'autre. Il donnait pour prétexte la crainte que, si l'on conservait la discussion par écrit, on ne cherchât à lui appliquer les lois alors en vigueur contre les hérétiques. Augustin, pour ne pas contrarier ceux qui avaient ménagé l'entrevue, consentit à discuter sans le secours d'aucun secrétaire Mais il fit observer, ce qui arriva du reste, qu'en agissant ainsi, il serait trop facile à l'un des deux d'affirmer ce qu'il n'aurait pas dit ou de nier ce qu'il aurait dit. Augustin entra en matière, exposa clairement sa croyance, l'appuyant d'arguments solides puisés dans les saintes Écritures. Puis il démontra que l'arianisme était une erreur insoutenable. Pascentius, furieux de sa défaite, répandit partout les mensonges les plus impudents ; il dit bien haut que cet Augustin, tant vanté, avait eu le dessous dans la discussion. Augustin en fut informé. Il lui écrivit, et lui rappela tout ce qui avait été dit des deux côtés. Il le menaçait, s'il continuait à nier la vérité, d'en appeler au témoignage des personnes marquantes qui avaient assisté à la conférence. Pascentius ne répondit que par des injures aux lettres d'Augustin.

Un évêque arien, du nom de Maximin, était venu à Hippone. Augustin eut avec lui une autre conférence, pendant laquelle il démontra victorieusement le mystère de la Sainte Trinité et le peu de solidité des doctrines ariennes. Mais Maximin, étant de retour à Carthage, répétait partout qu'Augustin avait été vaincu par lui dans une discussion. Augustin craignit que ces assertions mensongères ne nuisissent à la foi simple des fidèles, qui ne peuvent par eux-mêmes juger des questions de la foi. Il rédigea une relation de ce qui s'était passé, et rapporta ses arguments avec les réponses futiles de l'hérétique.

Augustin fit même suivre son mémoire de deux livres, où il développa ses arguments contre l'arianisme, ce que le temps ne lui avait pas permis, car l'hérétique avait eu l'adresse de consumer une grande partie de la journée en longs discours qui ne tendaient à rien.

Chapitre dix-septième.

Augustin combat l'hérésie de Pélage. Prodigieuse fécondité de son esprit.

NOTRE âge a vu surgir une hérésie nouvelle dont le chef fut Pélage : de là le nom de Pélagiens donné à ses sectateurs. Ces nouveaux hérétiques, à l'aide d'une argumentation subtile et captieuse, répandaient partout le venin de leurs erreurs. Augustin lutta près de dix ans contre eux, publiant livres sur livres, prêchant dans l'église pour préserver les fidèles.

Les pélagiens, afin de mieux assurer leurs succès, s'efforçaient de surprendre le jugement du Saint-Siège. Les évêques d'Afrique se réunirent souvent en Conciles et dénoncèrent au pape Innocent, puis à son successeur Zosime, tout ce que les opinions nouvelles renfermaient de contraire à la foi catholique. Ces deux Pontifes condamnèrent le pélagianisme, etretranchèrent de leur communion ceux qui le propageaient. Puis ils envoyèrent, aux diverses Églises d'Afrique et d'Orient, des lettres qui contenaient les anathèmes du Saint-Siège, avec ordre aux pasteurs de condamner, aux fidèles d'éviter, la nouvelle hérésie.

Chapitre dir-huitième.

HONORIUS reçut avec un pieux respect les décrets du Siège Apostolique. Lui-même décida qu'à l'avenir on appliquerait aux pélagiens les lois édictées contre les hérétiques en général. Cette sévérité du pape et de l'empereur fit rentrer en eux-mêmes un grand nombre de chrétiens qui s'étaient laissés séduire par les erreurs pélagiennes · ils revinrent à l'unité catholique.

Augustin se distingua, entre tous, par son zèle contre le pélagianisme. Sentinelle toujours attentive aux dangers de l'Église, il était sans cesse sur la brèche et luttait courageusement pour la vérité. Dieu lui accorda la grâce de voir de ses propres yeux son zèle couronné d'un plein succès. Il eut la consolation de voir sa chère Église d'Hippone redevenue presque entièrement catholique.

Ses disciples, évêques dans diverses Églises,

imitaient le zèle de leur maître. Bientôt on ne compta plus dans toute l'Afrique qu'un petit nombre de donatistes, de pélagiens, et même de païens.

Ces controverses avec les ennemis du dehors n'empêchaient pas Augustin de veiller sur les fidèles. Il s'appliquait à faire fleurir les études sacrées. Il maintenait la discipline et la ferveur parmi le clergé et dans les monastères.

Il publia un nombre prodigieux de traités, soit pour réfuter les erreurs, soit pour expliquer les saintes Écritures à son peuple. Une vie humaine suffirait à peine pour lire et approfondir les œuvres que le génie d'Augustin produisit dans un espace de temps relativement restreint.

Chapitre dix-neuvième.

Augustin juge les différends qui s'élèvent parmi les fidèles.

LEs fidèles d'Hippone, et même des hérétiques, venaient prier Augustin de juger leurs différends. Il les écoutait avec la plus grande patience. Il répétait souvent cette maxime d'un ancien : Il vaut mieux juger des inconnus que des amis. On peut, par une sentence impartiale, se faire un ami d'un inconnu ; mais l'ami qu'on a condamné, même justement, cesse d'être un ami. Il consacrait à ces audiences une grande partie de la journée, et même le temps de ses repas. On l'a vu rester à jeun jusqu'à la fin du jour pour satisfaire ceux qui s'en rapportaient à ses décisions. Dans ces diverses circonstances, Augustin n'oubliait jamais d'adresser aux plaideurs une instruction salutaire sur leurs devoirs envers Dieu, encourageant les uns, réprimandant avec douceur ceux dont la foi était chancelante. Il ne leur demandait d'autre récompense de sa peine que la promesse de mener une vie chrétienne. Aussi le saint évêque observait le précepte imposé par l'Apôtre aux prédicateurs de l'Évangile : Prêchez à temps et à contre-temps. Il ne refusait même pas de répondre par écrit aux consultations qu'on lui adressait de tous côtés sur des affaires temporelles. Sa charité lui faisait accepter volontiers ce surcroît d'occupations. Mais il regardait ces dernières comme très secondaires. Il préférait de beaucoup s'entretenir de Dieu, soit dans des Instructions publiques, soit dans des conversations familières et édifiantes avec ses religieux.

Chapitre vingtième.

Comment Augustin en usait avec les magistrats.

ON priait quelquefois Augustin d'user de son influence auprès des magistrats pour obtenir des faveurs : il se prêtait peu à ces sortes de démarches. Il suivait ce principe d'un sage : On doit préférer l'intérêt de sa réputation à l'utilité de ses amis. Lui-même ajoutait que les hommes puissants font payer cher les grâces qu'ils accordent. Quand il croyait devoir rendre ce service à quelqu'un, il y mettait tant de réserve que le magistrat en était charmé, loin d'en être importuné.

Un jour, Augustin demanda à un vicaire d'Afrique une faveur, qui lui fut accordée. Il en reçut en même temps la réponse suivante. « J'admire la prudence avec laquelle vous faites vos demandes. On ne sait ce qu'on doit remarquer davantage dans vos lettres, de l'esprit, de la science ou de la piété. Je suis touché de la délicatesse avec laquelle vous me dites que vous ne ferez pas un crime si je vous refuse ce que vous sollicitez. Vous n'imitez pas l'importunité de ceux qui veulent moins obtenir une faveur que l'arracher de vive force. Vous exposez modestement ce que vous croyez devoir demander d'un magistrat accablé de préoccupations. Aussi je me suis empressé de satisfaire le désir de vos protégés. »

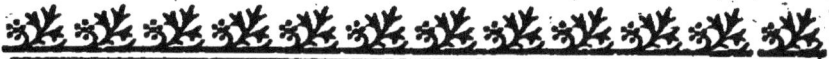

Chapitre bingt et unième.

Attitude d'Augustin dans les Conciles.

AUGUSTIN ne manquait jamais, quand il le pouvait, d'assister aux Conciles. Dans ces assemblées, il ne cherchait pas à faire briller son esprit. La gloire de Dieu était son seul mobile, soit qu'il s'agît d'absoudre des clercs qu'on avait condamnés à tort, ou de condamner ceux qu'on avait justement retranchés de la communion catholique.

Pour les ordinations, il était d'avis qu'on suivît toujours la pluralité des suffrages et qu'on ne changeât en rien les coutumes des Églises.

Chapitre bingt-deuxième.

Simplicité d'Augustin dans sa vie privée.

AUGUSTIN ne portait que des habillements modestes. Il évitait avec un égal soin la négligence et la recherche. Il estimait que la malpropreté dénote une âme basse, mais que le luxe entretient la vanité. En toutes choses, il gardait un juste milieu. Sa table était frugale. On y servait d'habitude des légumes, quelquefois de la viande ; toujours du vin à cause des hôtes qu'on recevait. Car il disait, avec St Paul, que toute créature est bonne quand on en sanctifie l'usage par la prière et l'action de grâces. Les cuillers étaient seules d'argent ; les autres usténsiles étaient de bois, de terre ou de marbre.

Augustin exerçait dans sa maison une généreuse hospitalité. Il trouvait plus d'agrément dans la lecture ou les entretiens que dans les aliments qn'on lui servait.

Pendant les repas, on se laisse facilement aller à des médisances. Pour détruire cette coutume détestable, il avait fait graver dans sa salle à manger deux vers latins dont voici le sens: « Que celui qui aime à déchirer la réputation des absents sache que cette table lui est interdite. »

Aussi avertissait-il ses convives de s'abstenir de tout propos frivole ou qui pourrait blesser la charité.

Un jour, il avait réuni quelques amis. Ceux-ci, oubliant l'avertissement, se permirent quelques paroles peu charitables. Augustin les en reprit vivement, leur déclarant que, s'ils voulaient continuer, il lui faudrait ou effacer l'inscription ou se lever de table.

Chapitre bingt-troisième.

Usage qu'Augustin faisait des revenus de l'Eglise.

AUGUSTIN n'oubliait pas les pauvres : il leur réservait toujours une part des revenus de l'Église ou des offrandes des fidèles, destinant le reste à son entretien ou à celui de ses clercs. De tout temps on a envié les biens du clergé. Augustin, pour faire cesser les murmures, disait souvent à son peuple qu'il eût mieux aimé vivre d'aumônes que d'avoir à gérer les biens temporels. Il était prêt à les céder afin de vivre des dons offerts à l'autel, comme les lévites de l'ancienne loi. Mais jamais aucun laïque ne voulut reprendre ces biens.

Chapitre vingt-quatrième.
Désintéressement d'Augustin.

AUGUSTIN n'administrait pas lui-même les biens de son Église. Il chargeait de ce soin quelques clercs choisis parmi les plus capables. Aussi ne le voyait-on jamais une clef ou un trousseau à la main. Ceux qu'il avait désignés notaient soigneusement les recettes et les dépenses. A la fin de l'année, il revoyait lui-même les comptes, pour connaître l'état des ressources de l'Église.

Jamais il ne voulut acheter de terre ou de maison. Si quelqu'un faisait son testament ou une donation en faveur de l'Église, Augustin ne faisait aucune difficulté d'accepter. Cependant, nous l'avons vu refuser des héritages parce qu'il ne voulait pas en frustrer les héritiers naturels.

Il y avait à Carthage un personnage considérable, originaire d'Hippone. Il eut la pensée de

faire don d'un bien à l'Église d'Hippone. Il fit
dresser l'acte de donation, se réservant le droit de
jouissance. Augustin accepta avec reconnaissance
et félicita le donateur de penser au salut de son
âme. Quelque temps après, le même personnage
envoya son fils à Augustin, réclama l'acte de donation, disant qu'il remplacerait cela par une
somme considérable destinée au soulagement des
pauvres. Augustin, affligé de voir que cet homme
se repentait de sa bonne œuvre, lui en fit des reproches sévères, mais il lui renvoya l'acte de donation et refusa même la somme offerte comme
compensation.

Augustin avait coutume de dire qu'il préférait
des legs particuliers à des héritages, qui entraînent
souvent bien des tracas.

Du reste, jamais les soins temporels ne l'absor-
bèrent au point de le détourner de ses travaux in-
tellectuels. Il donnait aux premiers le temps nécessaire, puis il revenait aussitôt à ses chères études, approfondissant les saintes Écritures, dictant
des livres, corrigeant les écrits déjà composés. Le
jour ne suffisant pas à son activité, il prolongeait
ses veilles laborieuses bien avant dans la nuit.

Augustin suivait l'exemple de Marie, sœur de
Lazare, qui se tenait aux pieds du Sauveur, ab-
sorbée dans une douce contemplation.

Marthe se plaignait de l'inaction de sa sœur.
Le Sauveur lui disait : Marthe, Marthe, Marie a

choisi la meilleure part, qui ne lui sera pas ôtée. »

Augustin n'eut jamais le goût des constructions nouvelles. Il ne blâmait pas ceux qui faisaient bâtir, pourvu que les dépenses fussent modérées.

Le trésor de l'Église se trouvait épuisé quelquefois : alors Augustin faisait observer au peuple qu'il n'avait plus rien à donner aux pauvres.

Dans un cas pressant, il n'hésita pas à briser les vases sacrés pour les vendre et en distribuer le prix aux indigents. En cela, il ne fit que se conformer à un exemple déjà donné par St Ambroise.

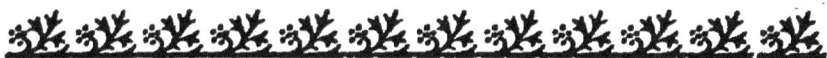

Chapitre vingt-cinquième.

Comment Augustin gouvernait l'intérieur de sa maison.

LES clercs d'Hippone vivaient en commun avec leur évêque ; ils habitaient la même maison, mangeaient à la même table et étaient vêtus comme lui.

Pour prévenir les parjures, Augustin recommandait à son peuple en public, à ses clercs en particulier, de ne jurer jamais, ne fût-ce que par jeu, à table, dans la liberté de la conversation. Si l'un de ses clercs tombait dans cette faute, il était condamné à boire un coup de moins : car le nombre de fois qu'on buvait à la table d'Augustin était fixé d'avance.

Tout acte d'indiscipline était sévèrement repris ; il ne souffrait pas non plus qu'on cherchât à excuser ses manquements.

Il faisait observer à la lettre le précepte évangélique, qui recommande de ne pas présenter son offrande à l'autel avant de s'être réconcilié avec son frère. Aussi répétait-il souvent qu'on doit pardonner une offense, non pas une fois, mais, selon l'expression du Sauveur, septante fois sept fois.

Chapitre vingt-sixième.

Le livre des Rétractations. Siège d'Hippone par les Vandales.

SUR les dernières années de sa vie, Augustin fit une revue de tous les écrits qu'il avait composés, étant encore laïque ou pendant son épiscopat. Il corrigea ce qui lui paraissait défectueux ou peu exact. Ces corrections forment deux livres dits des *Rétractations*. Il fit aussi un recueil de maximes pratiques tirées de l'ancien et du nouveau testament, pour servir aux savants et aux ignorants de règle de vie. Il intitula ce recueil, *Speculum* ou Miroir. Beaucoup d'ouvrages d'Augustin sont restés inachevés. La mort ne lui permit pas d'y mettre la dernière main.

Vers cette époque, une armée immense composée de Vandales, de Goths et d'autres barbares

envahit le Nord de l'Afrique. Ces hordes sauva-
ges détruisaient tout sur leur passage, mettant à
feu et à sang les villes et les campagnes. Ni le
sexe, ni l'âge, ni le caractère sacré n'étaient épar-
gnés. Les Vandales s'acharnaient avec plus de
rage sur les églises catholiques, dont ils ne laissaient plus après eux que des ruines et des dé-
combres.

Au milieu de ces calamités, la douleur d'Augustin fut immense. Son esprit élevé voyait plus haut
que le vulgaire. Celui-ci déplorait la perte de
ses biens, mais Augustin songeait aux périls que
couraient les âmes. C'était un spectacle bien fait
pour navrer ce cœur, d'une sensibilité si exquise,
que les ruines fumantes de tant de villes, les habitants égorgés ou cherchant leur salut dans la
fuite, et se cachant dans les cavernes et au fond
des forêts, les églises sans prêtres, les solennités in-
terrompues, les hymnes saintes se taisant dans les
basiliques dévastées.

Dans cette florissante Église d'Afrique, trois
sièges seulement étaient encore debout : Carthage,
Hippone, Cirtha. Toutes les autres Églises étaient
anéanties. Bientôt les barbares vinrent mettre le
siège devant Hippone. Le comte Boniface, à la tête
des Goths alliés, la défendait. La ville put résister
pendant quatorze mois. Tous les évêques voisins,
et moi avec eux, s'étaient réfugiés dans Hippone.
Augustin nous soutenait tous, et nous engageait

à nous humilier sous la main puissante de Dieu. Il répétait souvent avec larmes : «Vous êtes juste, Seigneur, et votre jugement est droit. »

Chapitre vingt-septième.

Dernière maladie et mort d'Augustin·

UN jour, pendant le repas, Augustin nous dit : «Vous savez que je demande à Dieu, ou de délivrer cette ville, ou de nous donner la force de supporter en chrétiens tous nos malheurs, ou de me retirer de ce monde. » Tous ensemble nous répétions la même prière.

Le troisième mois du siège, Augustin fut saisi d'une fièvre ardente : il se coucha pour ne plus se relever. Dieu l'avait exaucé.

La sainteté de l'auguste malade se manifesta par des prodiges. Un évêque pria Augustin de demander à Dieu la délivrance de quelques possédés. Augustin le fit, et les démons abandonnèrent ceux qu'ils obsédaient.

Une autre personne amena au pied du lit d'Augustin un malade, pour qu'il lui imposât les mains. Elle racontait qu'elle avait eu un songe pendant lequel il lui avait été dit : « Va trouver l'évêque Augustin, qui imposera les mains au malade, et il sera guéri. » Augustin obéit à la voix de Dieu, il imposa ses mains défaillantes sur le malade, qui fut guéri sur le champ.

Augustin, à l'époque de sa maladie, était âgé de soixante-seize ans ; il en avait passé quarante dans l'épiscopat ou la prêtrise.

Souvent il nous avait dit que le prêtre, comme le chrétien, ne doit pas mourir sans avoir fait pénitence, même après avoir reçu la grâce du baptême. Sur son lit de mort, il nous en donna l'exemple. Il avait fait écrire sur les murs de sa chambre les Psaumes de la pénitence, de manière à pouvoir les lire de son lit. Jour et nuit il les répétait, en mêlant beaucoup de larmes à ses prières. Afin que son recueillement ne fût pas troublé dans ses derniers moments, il nous pria de ne laisser pénétrer personne dans sa chambre, excepté les médecins et les serviteurs. Il s'éteignit doucement en murmurant une prière. Il avait gardé jusqu'à la fin l'usage de ses sens. Ni sa vue ni son ouïe n'étaient affaiblies. Sa verte vieillesse avait été exempte des infirmités qui l'accompagnent d'ordinaire. Nous célébrâmes le saint sacrifice et nous ensevelîmes son corps avec toute la solennité que permettait le triste état de la ville d'Hippone.

Augustin n'avait pas fait de testament : il ne possédait rien. Je me trompe : il a laissé à l'Église un trésor précieux, ses nombreux ouvrages, monuments incomparables élevés à la gloire de la foi catholique.

Heureux ceux qui savent puiser dans ces écrits des flots de lumière ! Plus heureux ceux qui, comme nous, ont eu le bonheur de l'entendre lui-même et de recueillir de sa propre bouche les enseignements de la foi !

FIN DE LA VIE DE SAINT AUGUSTIN.

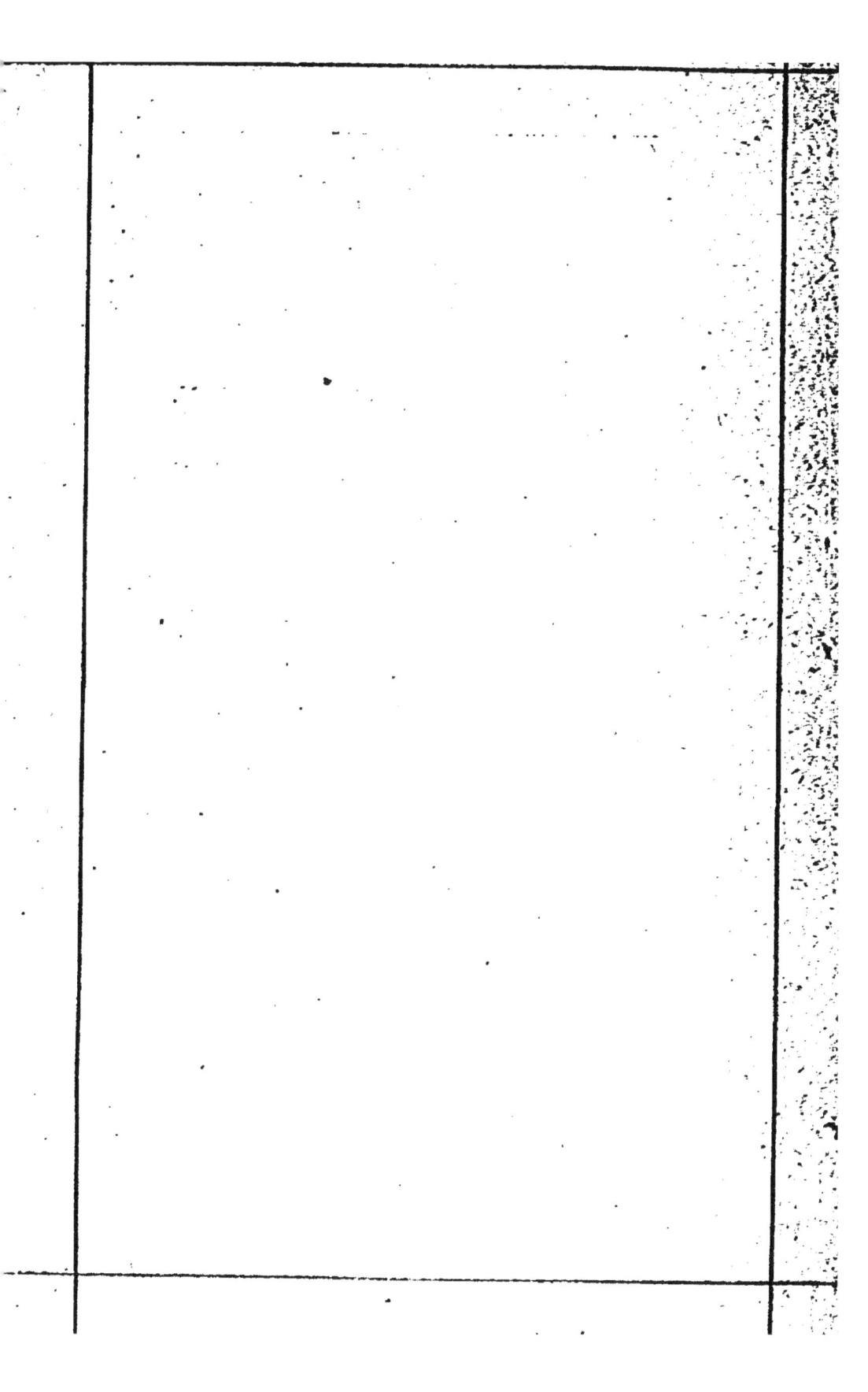

Table de Matières.

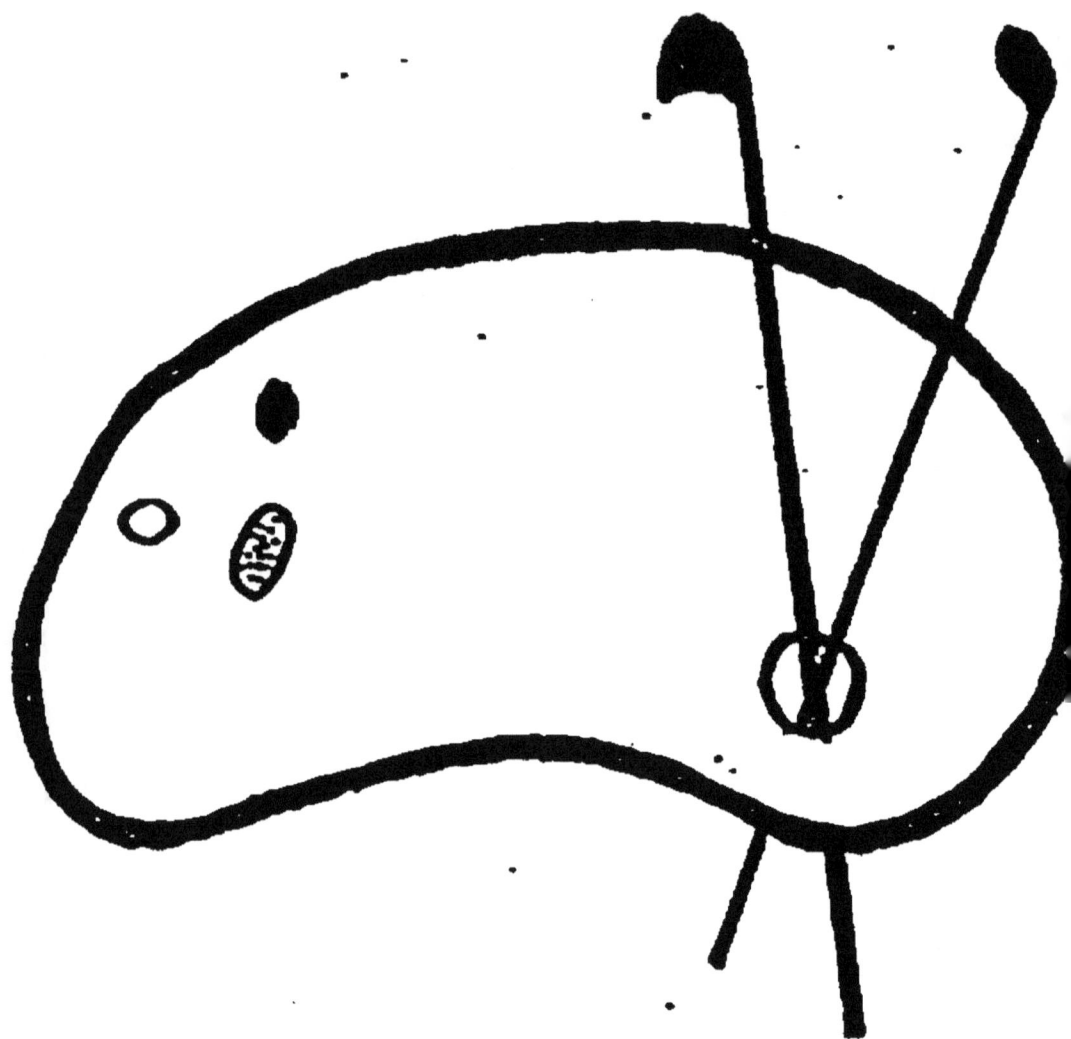

ORIGINAL EN COULEUR
NF Z 43-120-8

www.ingramcontent.com/pod-product-compliance
Lightning Source LLC
Chambersburg PA
CBHW072108090426
42739CB00012B/2882